O almanaque de
Fran Lebowitz

Fran Lebowitz

O almanaque de Fran Lebowitz

tradução
André Czarnobai

todavia

Fran Lebowitz ainda vive em Nova York,
pois acredita que não lhe permitiriam
viver em nenhum outro lugar.

Para Lisa Robinson

Prefácio 11

Parte 1: Vida metropolitana

Meu dia: Uma introdução (mais ou menos) 15

MODOS

Orientação vocacional para os
verdadeiramente ambiciosos 21
Esportes modernos 32
A educação vem de berço: Uma terapia de família 37
Dicas de discoteca: A nova etiqueta 40
Melhor ler do que morrer: Uma opinião revisitada 42
Crianças: A favor ou contra? 47
Manual de treinamento para senhorios 51
Sucesso sem faculdade 55
Banco especializado: Um balanço 60
A legitimidade do domínio eminente versus
o domínio legítimo do eminente 65
Assuntos de família: Uma história moral 70
Grupos de apoio: Eu estou bem, você não 74
Mundo: Uma resenha 78

CIÊNCIA

Banco de unhas: Muito mais que
um lugar caça-níqueis 85
Relógios digitais e calculadoras de
bolso: Inimigos da juventude 88
Telefone para voz fraca: Dando uma
força para os chatos 93

A principal causa da heterossexualidade entre homens
em áreas urbanas: Mais uma teoria maluca **96**
Por que adoro dormir **98**
Tempo bom e sua mania de frequentar
os melhores bairros **101**
Plantas: A raiz de todo o mal **105**
Marte: Vivendo com simplicidade **108**
Limites da cidade: A nova geografia **112**
Alimento para a alma e vice-versa **114**

ARTES

Artes **123**
Bijuteria do humor: Sem graça **127**
Roupas com imagens e/ou textos:
Sim — mais uma reclamação **130**
Cores: Traçando limites **132**
O som da música: Já chega **135**
A arte do crime **139**

LETRAS

Letras **147**
Escrever: Uma sentença perpétua **151**
PX ou não PX: Eis a resposta **156**
Recebendo cartas **160**
Greve de escritores: Uma profecia assustadora **164**
Algumas palavras sobre algumas palavras **168**
O ideal é não ler notícia nenhuma **171**

Parte 2: Estudos sociais

PESSOAS

Pessoas **179**
Como não se casar com um milionário:
Um guia para quem quer se dar mal **184**
Os quatro insaciáveis: Um apelo comedido **189**
Orientação parental **196**
Dicas para adolescentes **200**
Em casa com Papa Ron **204**
A vida dos santos moderna **209**

COISAS

Coisas **215**
Dicas para animais de estimação **220**
A Coleção Frances Ann Lebowitz **224**

LUGARES

Lugares **237**
Primeira lição **241**
Dicas de viagem de Fran Lebowitz **247**

IDEIAS

Ideias **255**
Quando a fumaça bater em seus olhos... feche-os **258**
A última risada **263**
Dieta e programa de exercícios de alto
estresse de Fran Lebowitz **269**
A ordem inatural **275**
Resoluções de Ano-Novo para os outros
em ordem alfabética **279**
Ter e não fazer **283**

Prefácio

Os primeiros textos deste livro foram escritos quando eu tinha vinte e poucos anos — os últimos, quando tinha trinta e poucos. Agora estou numa idade que só os observadores mais parciais e utópicos descreveriam como meus quarenta e poucos anos. Portanto, não é de surpreender que a questão que costumava ser chamada de relevante (exato) esteja presente. Permita-me, então, retirá-la.

Embora anéis que mudam de cor conforme o humor, rádio PX, discoteca, decoração high-tech e sexo seguro com desconhecidos não sejam novidade, e nem existam mais, não se pode negar que muitas dessas coisas (menos a última, infelizmente) são seguidas vezes revisitadas, e por isso exigir, nesta época particularmente enfadonha e retroativa, atemporalidade de um escritor, quando isso não é nem mesmo mais uma exigência, é não apenas muitíssimo injusto, como também inapropriado.

Se o que hoje chamamos de arte pode ser chamado de arte, e o que hoje chamamos de história pode ser chamado de história (e, na verdade, se o que hoje chamamos de presente pode ser chamado de presente), eu peço ao leitor contemporâneo — essa figura solitária — que aceite estes escritos da maneira como foram originalmente concebidos e são de novo apresentados: como história da arte. Mas com uma diferença: uma história da arte moderna, pertinente, atual e atualizada. Uma história da arte produzida em tempo real.

Fran Lebowitz
set. 1994

Parte I
Vida metropolitana

Meu dia: Uma introdução
(mais ou menos)

12h35 — O telefone toca. Não fico feliz. Esse não é o jeito que mais gosto de acordar. Meu jeito preferido é com certo ator francês de cinema sussurrando delicadamente no meu ouvido às 14h30 que, se eu quiser ir à Suécia para receber meu prêmio Nobel de literatura, é melhor pedir logo o café da manhã. Isso ocorre com menos frequência do que eu gostaria.

Hoje é um exemplo perfeito, pois quem está me ligando é um agente de Los Angeles que logo me diz que eu não o conheço. Isso é verdade, e não sem motivo. Dá para ouvir o bronzeado em sua voz. Ele está interessado no meu trabalho. Seu interesse o fez concluir que seria uma boa ideia eu escrever um filme de comédia. Eu teria, é claro, liberdade artística total, uma vez que, evidentemente, agora eram os humoristas quem dominava a indústria cinematográfica. Olhei o meu apartamento (um feito concluído apenas ao levantar os olhos) e comentei que Dino De Laurentiis ficaria surpreso de ouvir aquilo. Ele ri de um jeito bronzeado e sugere que marquemos uma conversa. Eu insinuo que nós *já estamos* conversando. Ele, entretanto, quer dizer *lá*, e comigo pagando do próprio bolso. Respondo que o único modo de eu ir a Los Angeles pagando seria por um cartão-postal. Ele ri de novo e sugere que marquemos uma conversa. Eu aceito conversar com ele assim que tiver ganhado o Nobel — pelas minhas conquistas extraordinárias em física.

12h55 — Tento voltar a dormir. Ainda que dormir seja uma área na qual eu tenha uma determinação e uma persistência quase algerescas, não consigo alcançar meu objetivo.

13h20 — Desço para pegar a correspondência. Volto para a cama. Nove press releases, quatro convites para pré-estreias de filmes, dois boletos bancários, um convite para uma festa em homenagem a um famoso viciado em heroína, um último aviso de corte da Companhia Telefônica de Nova York e três cartas de leitores da *Mademoiselle* que querem saber exatamente o que me dá o direito de julgar plantas caseiras — essas coisas *verdes e vivas* — com tanta antipatia. Eu ligo para a companhia telefônica para tentar fazer um acordo, já que pagar a conta não é uma opção. Será que eles gostariam de ir à pré-estreia de um filme? Ou a uma festa para um viciado em heroína? Será que estariam interessados em saber exatamente o que me dá o direito de julgar plantas caseiras com tanta antipatia? Aparentemente não. Eles gostariam de receber 148,10 dólares. Eu concordo que, de fato, essa escolha é compreensível, mas os alerto para a frieza característica que acompanha uma vida dedicada à busca cega por dinheiro. Somos incapazes de chegar a um consenso. Puxo o cobertor e o telefone toca. Passo as próximas horas me defendendo de editores, conversando de maneira amistosa e planejando vinganças. Leio. Fumo. O relógio, infelizmente, chama a minha atenção.

15h40 — Penso em sair da cama. Rejeito a ideia por considerá-la vigorosa demais. Leio e fumo mais um pouco.

16h15 — Levanto me sentindo curiosamente não revigorada. Abro a geladeira. Opto por não comer a metade de um limão siciliano e um pote de mostarda Gulden's e, no calor do momento, decido tomar o café da manhã na rua. Acho que é esse tipo de garota que eu sou — espontânea.

17h10 — Volto ao meu apartamento carregada de revistas e passo o resto da tarde lendo textos de pessoas que, lamentavelmente, cumpriram seus prazos.

18h55 — Interlúdio romântico. O objeto do meu afeto chega trazendo uma planta caseira.

21h30 — Saio para jantar com um grupo de pessoas que inclui duas modelos, um fotógrafo de moda, um agente de um fotógrafo de moda e um diretor de arte. Eu me concentro quase por completo no diretor de arte — em grande parte por ser quem conhece o maior número de palavras.

2h05 — Chego ao meu apartamento e me preparo para trabalhar. Em respeito ao friozinho, visto dois blusões e mais um par de meias. Sirvo-me um copo de *club soda* e puxo a luminária para perto da mesa. Leio várias edições antigas de *Rona Barrett's Hollywood* e um bom tanto de *The Letters of Oscar Wilde*. Pego minha caneta e fico olhando para o papel. Acendo um cigarro. Olho para o papel. Escrevo: "Meu dia: Uma introdução (mais ou menos)". Bom. Enxuto, porém cadenciado. Reflito sobre o meu dia. Fico extraordinariamente deprimida. Faço uns desenhos na margem. Anoto uma ideia para uma versão feita apenas com atores negros de uma comédia shakespeariana chamada *Como tu gosta*. Olho saudosa para o meu sofá, ciente do fato de que ele se transforma engenhosamente numa cama. Acendo um cigarro. Olho para o papel.

4h50 — O sofá vence. Mais uma vitória para os móveis.

Modos

Orientação vocacional para os verdadeiramente ambiciosos

Pessoas de todas as idades se interessam por algum tipo de melhoria pessoal. É com isso em mente que a maioria escolhe no que trabalhará por toda a vida. A maior parte das profissões exige habilidades e treinamento específicos. Algumas, contudo — aquelas um pouco fora da curva —, devem ser encaradas de um jeito diferente. Como essas costumam ser as áreas em que é mais difícil se consolidar, é recomendável ter certeza de que você é de fato talhado para tal tipo de trabalho. É com isso em mente que proponho os testes a seguir.

Então você quer ser o papa?

Essa posição é tradicionalmente reservada aos homens. Mulheres interessadas nesse emprego devem estar cientes das probabilidades quase inexequíveis de sucesso. A religião também desempenha um papel importante aqui, de modo que, se você tem suas dúvidas, é muito mais aconselhável considerar alguma coisa um pouco menos restritiva.

1. Eu prefiro falar...
   a) Ao telefone.
   b) Após o jantar.
   c) De improviso.
   d) Em particular.
   e) Ex cathedra.

2. Entre estas opções, meu nome preferido é...
   a) Muffy.
   b) Vito.
   c) Ira.
   d) Jim Bob.
   e) Inocêncio XIII.

3. A maior parte dos meus amigos é formada por...
   a) Intelectuais de esquerda.
   b) Mulheres da vida.
   c) Gente de qualidade.
   d) Gente normal.
   e) Cardeais.

4. Todos os caminhos levam a....
   a) Bridgehampton.
   b) Cap d'Antibes.
   c) Midtown.
   d) Tampa.
   e) Roma.

5. Complete a palavra. Dog...
   a) ão.
   b) uinho.
   c) ras.
   d) ue Alemão.
   e) ma.

6. Meus amigos me chamam de...
   a) Stretch.
   b) Doc.
   c) Toni.
   d) Izzy.
   e) Sumo Pontífice.

7. Quando é preciso estar bem-vestida, eu prefiro...
   a) Alguma coisa impactante e elegante.
   b) Qualquer coisa do Halston.

c) Pijamas.

d) Sobrepeliz e mitra.

8. Eu me sentiria mais segura sabendo que possuo...

a) Dinheiro suficiente.

b) Um bom sistema de alarme.

c) Um cachorro grande.

d) A proteção de um sindicato.

e) A Guarda Suíça.

9. Quando me sinto incomodada por fazer muito pouco, eu...

a) Começo uma dieta com pouco carboidrato.

b) Leio Emerson.

c) Nado quarenta piscinas.

d) Corto lenha.

e) Lavo os pés dos pobres.

Então você quer ser uma herdeira?

Essa é uma área na qual as condições de seu nascimento importam muito. Você pode superar esse obstáculo casando-se bem e/ou fazendo um homem idoso muito feliz. Esse método, entretanto, não é nem um pouco fácil, e pessoas preguiçosas se dariam melhor procurando trabalho em algum outro lugar.

1. Se eu tivesse de me descrever usando apenas uma palavra, ela seria...

a) Gentil.

b) Enérgica.

c) Curiosa.

d) Agradável.

e) Desmiolada.

2. Eu cruzo...

a) Só depois de olhar para os dois lados.

b) A cidade de ônibus.

c) Os dias do calendário.

d) O cheque.

3. Nos fins de semana eu gosto de...

a) Acampar.

b) Andar de patins.

c) Dar longas caminhadas.

d) Beber de bar em bar.

e) Ir para Gstaad.

4. Para mim, uma boa maneira de quebrar o gelo com as pessoas é perguntar onde elas...

a) Compram suas verduras.

b) Compram seus eletrodomésticos.

c) Mandam revelar suas fotos.

d) Passam o inverno.

5. Poppy é...

a) Uma flor vermelha.

b) A matéria-prima da heroína, em inglês.

c) Um tipo de semente que às vezes aparece no pão.

d) Meu apelido.

6. Os homens são melhores...

a) Em fazer churrasco.

b) Em fazer arranjos de flores.

c) Em fazer drinques.

d) Empregados domésticos.

7. Quando eu era criança, eu gostava de brincar de...

a) Boneca.

b) Médico.

c) Beisebol.

d) Candyland.

e) Mansão.

8. Eu nunca tenho...

a) Uma maleta.

b) Histórias.

c) Febre tifoide.

d) Dinheiro vivo.

9. Minha primeira grande paixão foi por...

a) Tab Hunter

b) Paul McCartney

c) Meu vizinho.

d) Meu cavalo.

Então você quer ser um ditador?

Esse emprego exige energia, motivação e uma determinação inabalável. Não é recomendado para os tímidos.

1. Meu maior medo é...

a) Conhecer pessoas novas.

b) Altura.

c) Cobras.

d) Escuro.

e) Um golpe de Estado.

2. Numa tarde preguiçosa de domingo, eu gosto de...

a) Cozinhar.

b) Testar maquiagens.

c) Visitar um museu.

d) Ficar descansando em casa.

e) Exilar pessoas.

3. As pessoas ficam melhores em...

a) Trajes formais.

b) Roupas de banho.

c) Peças que refletem seu estilo de vida.

d) Bermudas.

e) Uniformes de prisioneiro.

4. Quando me deparo com uma grande multidão de desconhecidos, minha reação imediata é...
   a) Me apresentar para todos que parecerem interessantes.
   b) Esperar que eles falem primeiro.
   c) Sentar-me num canto de mau humor.
   d) Dar início a um expurgo.

5. A maneira adequada de reagir a um encontro casual comigo é...
   a) Sorrindo.
   b) Acenando com a cabeça.
   c) Dizendo oi.
   d) Me dando um beijinho.
   e) Fazendo uma saudação.

6. Quando alguém discorda de mim, meu primeiro impulso me diz para...
   a) Tentar entender seu ponto de vista.
   b) Ficar puta.
   c) Debater com calma e racionalidade.
   d) Chorar.
   e) Mandar executar a pessoa.

7. Nada forja caráter como...
   a) O escotismo.
   b) A ACM.
   c) A catequese.
   d) Uma ducha fria.
   e) Trabalhos forçados.

Então você quer ser um alpinista social?

De todas as carreiras abordadas aqui, essa é, sem dúvida, a mais fácil de seguir. Infelizmente, é também a mais difícil de digerir — um fato que, ao que parece, tem pouquíssimo efeito sobre as hordas que superlotam a área.

1. Quando estou sozinha, eu costumo...
   a) Ler.
   b) Assistir à televisão.
   c) Escrever sonetos.
   d) Montar miniaturas de avião.
   e) Ligar para o Beverly Hills Hotel e fazer uma reserva.
2. Se uma amiga diz uma coisa engraçada, eu provavelmente...
   a) Digo: "Ei, isso foi muito engraçado".
   b) Rio com graça.
   c) Gargalho incontrolavelmente.
   d) Digo: "Você é muito parecida com a Dottie".
3. Quando o telefone toca, é mais provável que eu atenda dizendo...
   a) "Alô, como você está?"
   b) "Ah, olá."
   c) "Oi."
   d) "Ah, oi, eu estava aqui ouvindo uma das sinfoniazinhas do Wolfgang."
4. Se a minha casa ou apartamento pegasse fogo, a primeira coisa que eu salvaria seria...
   a) Meu filho.
   b) Meu gato.
   c) Meu namorado.
   d) O exemplar da revista *Women's Wear Daily* em que apareci.
5. Eu considero jantar fora...
   a) Um prazer.
   b) Uma boa mudança de ares.
   c) Uma oportunidade para ver os amigos.
   d) Um interlúdio romântico.
   e) Uma carreira.

6. Meu conceito de uma boa festa é...

a) Uma celebração enorme e barulhenta, com muita bebida e muita ação.

b) Boa conversa, boa bebida, bom vinho.

c) Jantar e bridge com uns poucos amigos próximos.

d) Uma para a qual eu não fui convidada.

7. Se eu fosse largada sozinha numa ilha deserta e só pudesse levar um livro, seria...

a) A Bíblia.

b) As obras completas de William Shakespeare.

c) *O vento nos salgueiros.*

d) A agenda de Truman Capote.

8. Alguns dos meus melhores amigos são...

a) Judeus.

b) Negros.

c) Porto-riquenhos.

d) Indiferentes à minha existência.

9. Na minha opinião, uma rosa, se tivesse qualquer outro nome, seria...

a) Ainda uma rosa.

b) Uma flor.

c) Uma cor.

d) Uma fragrância.

e) Uma Kennedy.

Então você quer ser uma imperatriz?

Mais uma vez nos deparamos com o problema das conexões familiares. Todavia, não se engane pela aparente semelhança entre esse ofício e o de herdeira, uma vez que ele demanda uma carga muito maior de responsabilidade. Entretanto, você seria muito boba se deixasse que isso a desestimulasse, afinal de contas, esse é o único tipo de trabalho que oferece a recompensadora possibilidade de ser servida pelos outros.

1. Complete a expressão: Damas...
   a) da noite.
   b) de honra.
   c) de Copas.
   d) primeiro.
   e) de companhia.
2. Uma coisa que eu amo odiar no meu marido é...
   a) Seu ronco.
   b) Seu hábito de deixar a pasta de dentes sem tampa.
   c) Seus amigos de bebedeira.
   d) Sua teimosia.
   e) Suas concubinas imperiais.
3. Simplesmente não sei o que seria de mim sem...
   a) Minha escova de dentes elétrica.
   b) Minha secretária eletrônica.
   c) Minha cafeteira.
   d) Meu provador oficial de alimentos.
4. Na minha opinião, a melhor maneira de se destacar no mundo é...
   a) Trabalhar duro.
   b) Ter bons contatos.
   c) Jogar limpo.
   d) Estudar numa boa faculdade.
   e) O direito divino.
5. Eu sempre quis que minha mãe fosse...
   a) Mais liberal.
   b) Menos barulhenta.
   c) Melhor cozinheira.
   d) Jovem em seu coração.
   e) Viúva de um imperador.

6. Acho que as pessoas deveriam se dedicar...
   a) Aos seus princípios.
   b) A sua casa.
   c) A sua família.
   d) Ao seu emprego.
   e) Ao cerimonial.
7. Na minha opinião, a coisa mais importante a ser estabelecida é...
   a) Afinidade.
   b) Boas relações de trabalho.
   c) Um precedente.
   d) Uma dinastia.
8. As melhores coisas da vida são...
   a) De graça.
   b) Escravos.
9. Eu prefiro passar o Natal em...
   a) Connecticut.
   b) Palm Beach.
   c) Great Gorge.
   d) No Palácio de Inverno.
10. Eu considero os homens mais atraentes quando eles...
    a) Jogam tênis.
    b) Dormem.
    c) Dançam.
    d) Riem.
    e) Se ajoelham.
11. Se eu pudesse construir mais um cômodo na minha casa, seria...
    a) Uma oficina.
    b) Uma sala de jogos.
    c) Um pátio.
    d) Uma sauna.
    e) Uma sala do trono.

12. Eu gostaria que meu filho fosse...
    a) Legal.
    b) Parecido comigo.
    c) Um médico.
    d) Bom nos esportes.
    e) Um príncipe coroado.
13. Num encontro, eu gosto de...
    a) Assistir a um filme de arte.
    b) Jogar boliche.
    c) Jantar e assistir a uma peça.
    d) Governar.

Esportes modernos

Eu não tenho nenhum interesse em particular quando o assunto é esporte. Falando de maneira genérica, eu o encaro como atividades perigosas e cansativas executadas por pessoas com as quais eu não tenho nada a ver a não ser pelo direito a um julgamento justo em um tribunal. Não que eu seja totalmente indiferente aos prazeres do esforço atlético — é só que a minha ideia sobre o que caracteriza um esporte não coincide com os conceitos popularmente estabelecidos sobre o tema. Existem diversas razões para isso, sendo a principal delas o fato de que, para mim, o mundo exterior é apenas um lugar pelo qual você é obrigado a passar ao sair do seu apartamento e entrar num táxi.

Existem, entretanto, diversas competições de que eu *participo* e, devo acrescentar, não sem um certo grau de desenvoltura. A lista abaixo não é, de forma alguma, uma lista completa:

1. Pedir café da manhã.
2. Buscar a correspondência.
3. Sair para comprar cigarros.
4. Encontrar com alguém para beber.

Como você pode observar, essas são atividades essencialmente urbanas e, como tal, não costumam ser vistas com muito respeito pelos fãs de esportes. Mesmo assim, todas exigem habilidades, resistência e coragem. E todas têm penalidades e recompensas.

Existem diversas atividades desse tipo, e eu, pessoalmente, acredito que chegou a hora de receberem o reconhecimento que merecem. Portanto, eu proponho que os responsáveis pelos Jogos Olímpicos de 1980 convidem Nova York para participar como uma entidade à parte. A equipe seria inscrita em apenas uma competição, que seria batizada de Decatlo Nova-Iorquino. O Decatlo Nova-Iorquino consistiria em quatro eventos em vez dos dez habituais, uma vez que todo mundo em Nova York é muito ocupado. Ele também se diferenciaria do decatlo convencional pelo fato de que cada competidor poderia participar de apenas um, já que, em Nova York, quem se especializa é sempre valorizado. Os quatro eventos seriam Assessoria de Imprensa, Lavanderia e Lavagem a Seco, Comparecimento a Festas e Ser Dono de Cachorro.

Os Jogos Olímpicos tradicionalmente são abertos por uma pessoa carregando uma tocha, seguida por todos os atletas desfilando por um estádio e carregando bandeiras. Isso não seria alterado, mas, em 1980, os atletas seriam seguidos por dezessete táxis da Checker transportando a delegação nova-iorquina. O primeiro taxista da fila estaria com o braço para fora da janela e levaria a tocha na mão. Os passageiros desse táxi gritariam com o taxista enquanto as fagulhas voassem para o banco traseiro. Ele fingiria não estar escutando. Quando o desfile chegasse ao fim, o primeiro taxista não perceberia isso de imediato e acabaria fazendo uma parada abrupta. Isso faria com que os demais táxis batessem uns nos outros. Os taxistas, então, passariam o resto das Olimpíadas gritando entre si e anotando coisas de maneira agressiva. Os atletas, assim, seriam obrigados a dar início aos jogos, embora a colisão tenha ocorrido no lugar em que irá causar o maior inconveniente possível.

Assessoria de imprensa

Dois competidores entram no estádio por lados opostos, após o juiz garantir a eles que ambos os lados são igualmente importantes. Eles trocam beijos no rosto e se viram rapidamente para o público. Seu olhar não passa da décima fileira. Então, eles se acomodam em dois sofás de Ultrasuede, um de frente para o outro, e acendem cigarros. Dois gandulas em jornada dupla entram correndo trazendo café preto sem açúcar. Os competidores pegam seus telefones. A pontuação é distribuída de acordo com os seguintes critérios:

1. Maior número de ligações não atendidas de pessoas que querem falar com você.
2. Maior número de pessoas que não querem falar com você sendo despertadas por uma ligação sua.
3. Maior número de pessoas que querem comparecer a um evento sendo informadas de que não há mais ingressos.
4. Maior número de pessoas que não querem comparecer ao supracitado evento sendo informadas de que você já enviou os ingressos e que lhe devem um favor.

Lavanderia e lavagem a seco

Duas lavanderias com serviços de lavagem a seco inteiramente equipadas são construídas em partes inconvenientes do estádio. Diversas pessoas inocentes entram em cada um dos estabelecimentos. Nesse evento, essas pessoas cumprem a mesma função das raposas numa caçada. Elas depositam pilhas de roupa suja sobre o balcão, recebem pequenos comprovantes de papel colorido e vão embora. A pontuação é distribuída de acordo com os seguintes critérios:

1. Maior número de botões arrancados.
   a) Pontos adicionais se for impossível substituí-los.
2. Maior número de camisas de seda com etiquetas LAVAR SOMENTE A SECO lavadas na água.
   a) Pontos adicionais se as camisas forem lavadas junto com casacos que soltam tinta.
   b) Se as camisas forem brancas, a vitória está praticamente garantida.
3. Maior número de camisas que chegaram em cabides colocadas dentro de caixas.
4. Maior número de peças extraviadas.
   a) Pontos adicionais de acordo com o valor das peças.
5. Maior criatividade para levar manchas de tinta de uma perna da calça a outra.

Comparecimento a festas

Uma sala com exatamente a metade do tamanho necessário é construída no centro do estádio. Um número excessivo de competidores entra ali. A pontuação é distribuída de acordo com os seguintes critérios:

1. Por conseguir se aproximar do bar.
2. Por conseguir se afastar do bar.
3. Por derrubar vinho acidentalmente num adversário para quem você perdeu um trabalho.
4. Por queimar inadvertidamente a mesma pessoa com um cigarro.
5. Por fazer o maior número de comentários engraçados sobre pessoas que não estão lá.
6. Por chegar o mais tarde possível e com o maior número de pessoas famosas.

7. Por sair o mais cedo possível acompanhado da nova paixão de um velho amor.

Ser dono de cachorro

Uma réplica exata de um trecho de quinze quarteirões do Greenwich Village é construída dentro do estádio. Vinte competidores saem de seus prédios localizados nesse perímetro, cada um deles levando três cães que não saíram de casa o dia inteiro. O objetivo desse jogo é ser o primeiro a chegar à calçada que fica exatamente em frente ao meu prédio.

Quando todos os pontos são somados, o competidor com a maior pontuação entra no estádio. Ele é seguido pelos dois competidores com as maiores pontuações depois dele. O segundo e o terceiro colocados se posicionam ao lado do juiz. O juiz pega um cronômetro. Cada competidor tem cinco minutos para explicar, de maneira divertida, porque ele não conquistou a maioria dos pontos. Aquele que for mais arrogante e convincente recebe a medalha de ouro. Porque em Nova York não importa se você ganha ou perde — e sim em quem você põe a culpa.

A educação vem de berço:
Uma terapia de família

Uma vez apareceu numa revista uma foto minha tirada em circunstâncias evidentemente juvenis. Parti do princípio de que ficaria claro para todos que era a minha foto do livro do ano do colégio. Falhei, porém, ao não levar em consideração o fato de que possuo, no meu círculo de conhecidos, algumas pessoas vindas de famílias notoriamente importantes. A primeira vez que fui exposta a essa realidade chocante foi através de uma jovem modelo muito bem-nascida que, em referência à fotografia citada, comentou: "Adorei a sua foto de debutante, Fran". Se tivesse parado por aí, sem dúvida eu teria esquecido o incidente, porém mais tarde, naquela mesma noite, um comentário praticamente idêntico foi feito por um membro de menor importância da aristocracia de Boston. Na minha opinião, aquilo estabelecia uma tendência. A partir daí, eu me vi diante de uma decisão: ou torcia o nariz para aquela insinuação, ou inventava uma história apropriada que se encaixasse nela. Como eu estou ao menos perifericamente no ramo da invenção de histórias, optei por esta última e assim elaborei a seguinte genealogia.

Margaret Lebovitz, minha avó paterna, nasceu em Cantinho do Gueto, na Hungria (uma comunidade muito restrita), bem no começo dos Felizes Anos Noventa. Criança agradável, ela costumava ser deixada aos cuidados de empregados de longa data da família (minha tia Sadie e meu tio Benny), uma vez que os negócios de seu pai, espalhados por todo o mundo — quase todos relacionados ao fato de terem sido requisitados pelo Exército —, o mantinham com frequência longe de casa. Embora sua mãe passasse a maior parte do tempo entretida em meio às plantações de repolho, ela fazia questão de ir ao berçário todas as noites e ficar de guarda enquanto a pequena Margaret fazia suas orações. Margaret teve uma infância feliz — ela e seus amiguinhos trocavam confidências e *bábuchkas* enquanto passavam seu tempo livre colhendo beterrabas e brincando de esconde-esconde com os cossacos. Tariff, a propriedade da família, onde os Lebovitz passavam seus invernos (e verões) era, de fato, um lugar maravilhoso e, portanto, não é de estranhar que Margaret tenha resistido à ideia de ir embora para frequentar a escola. Seu pai, em casa por causa de uma breve deserção, a levou até a sua cabana de palha — apelidada carinhosamente de "Esconderijo do Papai" — e explicou de modo paciente que uma sólida tradição exigia que as meninas da classe de Margaret desenvolvessem os traquejos sociais necessários, como fugir discretamente e permanecer adequadamente viva. Margaret escutou de forma respeitosa e concordou em começar seus estudos na Miss Belief's.

Margaret fez enorme sucesso na Miss Belief's, onde seu gosto por sapatos rapidamente lhe rendeu o apelido de Bootsie. Bootsie era uma aluna excelente e demonstrou um talento tão grande para respirar de forma quase inaudível que foi eleita de forma unânime como presidente do Comitê de Fuga da Primavera. Isso não quer dizer que ela se dedicasse aos estudos — muito pelo contrário. Impulsiva e maluquinha, Bootsie se envolvia em tanta encrenca que os outros membros do seu clube, o Massas Amontoadas, viam-se com frequência na obrigação de salvá-la. Amante de esportes ao ar livre, Bootsie esperava ansiosamente pelas férias de verão e aderia com fervor aos gritos de "O trabalho forçado acabou!", que davam as boas-vindas à estação.

Quando chegou seu aniversário de dezoito anos, Bootsie debutou na sociedade, e sua beleza, seu charme e suas habilidades com uma enxada rapidamente lhe valeram a reputação de a Brenda Frazier de Cantinho do Gueto. Todos os rapazes de seu setor eram apaixonados por Bootsie e consideravam muitíssimo necessário garantir a promessa de dançar uma valsa com dias de antecedência, uma vez que sua agenda, invariavelmente, estava ocupada. O paquera favorito de Bootsie era Tibor, um jovem desertor, alto e destemido, bicampeão da Copa Húngara de Corrida, realizada todos os anos num campo de trigo bem encharcado. Tibor gostava de Bootsie, porém estava ciente do fato de que ela, um dia, herdaria a fortuna de seu pai, e esse era o principal motivo pelo qual estava interessado nela. A descoberta de que Tibor queria dar um golpe do baú teve um efeito devastador em Bootsie, e ela acabou acamada. A família de Bootsie, compreensivelmente preocupada com sua condição, convocou uma reunião para discutir o problema. Concluiu-se que uma mudança de cenário lhe faria muito bem. Um plano de ação foi elaborado e, assim, Bootsie Lebovitz foi enviada, na classe econômica de um navio, para a Ilha de Ellis, para que pudesse esquecer tudo.

Dicas de discoteca: A nova etiqueta

Talvez seja um tanto quanto surpreendente para aqueles que me conhecem apenas como uma mulher das letras descobrir que eu gosto bastante de dançar e, ainda por cima, não sou tão ruim nisso. Em contrapartida, não gosto muito de grupos grandes de pessoas. Isso é uma pena, uma vez que não é muito viável trazer para dentro de sua própria casa todos os elementos que fazem parte de uma noite na discoteca, como um DJ, várias horas de música e a possibilidade, por menor que seja, de encontrar seu verdadeiro amor. Eu sou, portanto, obrigada a passar noite após noite em meio a hordas de desconhecidos, a maioria dos quais se comporta sem o menor respeito pelas sensibilidades de seus colegas de pista. Isso me levou a compilar uma pequena lista de dicas úteis para garantir uma experiência mais prazerosa para todos os amantes da dança.

1. Quando a discoteca em questão é um clube exclusivo, com uma política rigorosa de admissão de membros, não é educado ficar do lado de fora implorando num tom de voz repulsivo para entrar. É ainda mais horrível ameaçar a vida ou a reputação de alguém que está lá dentro com uma faca ou com a informação de que sabe o seu nome verdadeiro e está pensando em ligar para o jornal da cidade dele para revelar o real motivo pelo qual ele não é casado.

2. Não há nenhuma dúvida de que, após alguns minutos dançando, você provavelmente ficará com calor. Isso não deve ser interpretado como um sinal para que você tire a camisa. Se algum dos seus colegas de pista estiver interessado no seu progresso na academia, pode ter certeza de que ele não hesitará em lhe perguntar. Se você considerar o calor insuportável, pode simplesmente tirar aquela bandana do bolso traseiro e enxugar a testa. Apenas certifique-se de colocá-la de volta virada para o lado certo.

3. Se você acredita que um dia sem nitrito de amila é como um dia sem sol, você deve utilizar essa substância na privacidade do seu próprio carro, e não no meio de uma pista de dança lotada.

4. Se você é DJ, lembre-se, por favor, de que o seu trabalho é tocar discos que as pessoas gostarão de dançar, e não impressionar outros DJs com seu gosto esotérico. As pessoas costumam gostar de dançar músicas que têm letra e uma duração tolerável. Instrumentais de dezesseis minutos de percussionistas remotos costumam ser a causa por trás do consumo excessivo de nitrito de amila e da remoção de camisas.

Melhor ler do que morrer:
Uma opinião revisitada

O período em que cursei o ensino primário coincidiu, de forma bastante desagradável, com o auge da Guerra Fria. Por causa disso eu passava grande parte dos meus dias sentada de pernas cruzadas, em posição fetal, ou debaixo da minha mesa, ou, para ser mais sociável, encostada nas paredes do corredor. Quando não estava tão ocupada eu podia ser encontrada em uma sala de aula lendo com avidez sobre os horrores da vida sob o domínio do comunismo. Eu não era uma criança burra, porém acreditava piamente que os comunistas eram uma raça de homens com chifres que dividiam seu tempo entre queimar livros de Nancy Drew e planejar um ataque nuclear que jogaria a maior e mais letal das bombas exatamente em cima da turma da terceira série da Thomas Jefferson School, em Morristown, Nova Jersey. Essa era uma crença amplamente compartilhada entre meus colegas e que era reforçada todos os dias pelos professores e pelos pais com inclinações republicanas.

Entre os numerosos instrumentos utilizados para manter essa crença viva, havia uma tabela detalhada que aparecia todo ano no nosso livro de estudos sociais. Essa tabela demonstrava as severas dificuldades financeiras da vida no comunismo. A leitura de seus itens em voz alta era prontamente complementada por um comentário da professora, que dizia mais ou menos o seguinte:

"Essa tabela mostra quanto tempo um homem precisa trabalhar na Rússia para comprar cada um desses itens. Vamos comparála com o tempo que um homem precisa trabalhar nos Estados Unidos para ter dinheiro suficiente para comprar as mesmas coisas."

RÚSSIA	ESTADOS UNIDOS
UM PAR DE SAPATOS — 38 HORAS "E na Rússia só tem oxfords marrons, então ninguém pode usar sapatos sem presilhas mesmo quando veste uma roupa mais arrumada. Além disso, eles nunca ouviram falar dos Capezios e, mesmo que tivessem ouvido, ninguém poderia usá-los, pois todos são obrigados a trabalhar na lavoura quando não estão ocupados produzindo bombas atômicas."	UM PAR DE SAPATOS — 2 HORAS "E nós temos todos os tipos de sapatos por aqui, até mesmo Pappagallos."
UM FILÃO DE PÃO — 2,5 HORAS "Eles não têm manteiga de amendoim nem marshmallows na Rússia, e os pães de lá têm muita casca, que eles obrigam as crianças a comer."	UM FILÃO DE PÃO — 5 MINUTOS "Nós temos pães com uvas-passas e canela e *english muffins*, e podemos passar o que quisermos neles, pois vivemos numa democracia."
UM QUILO DE PREGOS — 6 HORAS "E eles precisam de muito prego na Rússia porque todo mundo é obrigado a trabalhar o tempo todo muito duro, construindo todo tipo de coisas — até mesmo as mães."	UM QUILO DE PREGOS — 8 MINUTOS "Já nós não precisamos de tantos pregos porque aqui temos fita adesiva e grampeadores."
PERUA — 9 ANOS "E isso se eles tivessem autorização para ter uma perua, coisa que eles não têm, então todo mundo precisa ir a pé para lá e para cá, mesmo quando já estão cansados de tanto construir coisas, como bombas atômicas."	PERUA — 4 MESES "Já nós temos muitos tipos para escolher — tem perua pintada como se tivesse madeira nas laterais e outras têm até duas cores. Nós também possuímos vários outros tipos de carros, como os esportivos conversíveis."
MACACÃO — 11 HORAS "E todo mundo precisa usar macacão o tempo todo, e todos são da mesma cor, então ninguém pode usar saias, mesmo quando está no colégio."	MACACÃO — 1 HORA "Mas, como numa democracia podemos escolher o que queremos vestir, em geral são os fazendeiros que usam macacão — e gostam muito de usá-los."

UMA DÚZIA DE OVOS — 7 HORAS "Porém eles raramente os comem, pois ovos são um luxo na Rússia e não há lugar para o luxo no comunismo."	UMA DÚZIA DE OVOS — 9 MINUTOS "Há muitos ovos aqui, e é por isso que temos gemada, salada de ovos e até mesmo ovos de Páscoa, exceto para as crianças judias que sem dúvida ganham alguma coisa tão legal quanto no seu feriado, que é chamado de Chanuká."
APARELHO DE TELEVISÃO — 2 ANOS "Porém eles não têm isso lá. Isso mesmo, eles não têm TV na Rússia porque sabem que se as pessoas assistissem a *Leave It to Beaver* por lá, todo mundo ia querer se mudar para os Estados Unidos e, provavelmente, a maioria iria querer vir para Morristown."	APARELHO DE TELEVISÃO — 2 SEMANAS "E muita gente tem dois aparelhos de TV, e algumas pessoas, como o Dougie Bershey, possuem TV em cores e podem contar para todos os seus colegas de que cor são as coisas nos desenhos do Walt Disney."

E tudo isso era devidamente anotado tanto por mim quanto pelos meus colegas, e a esmagadora maioria de nós foi de direita durante todo o ensino primário. Ao chegar na adolescência, entretanto, parte se rebelou, e eu devo admitir que eu mesma tive uma boa inclinação à esquerda na minha juventude. Aos poucos, contudo, eu fui retornando à minha antiga maneira de pensar e, embora não seja completamente apaixonada pela nossa forma local de governo, readquiri uma acentuada antipatia à Deles.

Minha posição política se baseia, em grande parte, na minha aversão a grandes grupos de pessoas, e se tem uma coisa que eu sei sobre o comunismo, é que grandes grupos de pessoas com certeza fazem parte do pacote. Eu não trabalho bem com outros e não quero aprender a fazer isso. Nem mesmo danço bem com alguém quando há muita gente em volta, e não tenho a menor dúvida de que as discotecas comunistas são pavorosamente superlotadas. "De cada um, de acordo com sua capacidade; a cada um, de acordo com suas necessidades" não é uma decisão que eu gostaria de deixar para os políticos, uma vez que não acredito que ter a habilidade de fazer comentários humorísticos sobre questões atuais impressionaria um camarada, nem que alguém seria capaz de convencê-lo da necessidade de contratar um serviço de secretária eletrônica realmente confiável. O bem comum não é muito a minha praia — é mais no bem incomum que estou interessada, e não me iludo achando que esse tipo de declaração pegaria bem entre os membros da agricultura coletiva. Os comunistas parecem estar sempre usando quepes, um visual que eu considero que combina muito mais com tubos de pasta de dentes do que com pessoas. É claro que temos, entre nós, aqueles que gostam de usar quepes, porém lhes garanto que é muito fácil evitar essas pessoas. No meu entender, o comunismo exige de seus adeptos que acordem muito cedo e participem de uma série de exercícios extenuantes de calistenia. Para alguém que gostaria que os cigarros já viessem acesos, o mero ato de pensar em tamanha exaustão num horário em que qualquer pessoa decente deveria estar dormindo é algo completamente abominável. Também fui informada de que, no mundo comunista, uma aptidão para falar ou escrever em estilo cômico não vale absolutamente nada. Tenho, portanto, a intenção de fazer o melhor que posso para evitar que a Cortina de Ferro seja estendida para além da rua 57. Foi com esse objetivo que desenvolvi uma pequena tabela para instruir os meus conterrâneos nova-iorquinos.

A tabela a seguir compara a quantidade de tempo que um comunista precisa para comprar os seguintes itens com a quantidade de tempo que um nova-iorquino leva para fazer o mesmo.

COMUNISTA	NOVA-IORQUINO
APARTAMENTO COMPARTILHADO NA ALTURA DA RUA 70 NO UPPER EAST SIDE, PERTO DO PARQUE — 4000 ANOS. E, mesmo assim, você teria que dividi-lo com o resto do coletivo. Não existe apartamento compartilhado em toda a cidade com tantos banheiros assim.	APARTAMENTO COMPARTILHADO NA ALTURA DA RUA 70 NO UPPER EAST SIDE, PERTO DO PARQUE — Absolutamente nada se você tiver sorte na área familiar. Se você não foi tão abençoado, pode levar até uns vinte anos, mas, pelo menos, terá o seu próprio banheiro.
ASSINATURA DA *NEW YORKER* — 3 SEMANAS. E, mesmo assim, duvido que você entenda os cartuns.	ASSINATURA DA *NEW YORKER* — 1 HORA, talvez menos, porque, numa democracia, as pessoas em geral ganham uma coisa como essa de presente.
UMA PASSAGEM DE PRIMEIRA CLASSE PARA PARIS — 6 MESES. Paris, camarada? Não tão rápido.	UMA PASSAGEM DE PRIMEIRA CLASSE PARA PARIS — Varia muito, mas qualquer garota esperta é capaz de conseguir uma passagem dessas se souber jogar as cartas certas.
UM VESTIDO DE FESTA ASSINADO POR FERNANDO SANCHEZ — 3 MESES. Com o quepe? Ficaria lindo.	UM VESTIDO DE FESTA ASSINADO POR FERNANDO SANCHEZ — 1 SEMANA, ou menos se você conhecer alguém no mundo da moda, e preciso ressaltar que as suas chances de ter uma conexão dessas são muito maiores numa democracia como a nossa do que as de alguém em Pequim.
JANTAR NUM BOM RESTAURANTE — 2 ANOS para juntar o dinheiro; 27 ANOS até que o coletivo escolha um restaurante.	JANTAR NUM BOM RESTAURANTE — Sem problema, se você tiver escolhido bem os seus amigos.

Crianças: A favor ou contra?

Circulando como eu faço no que podem ser considerados, com muito boa vontade, circuitos artísticos, vejo a presença de crianças como uma casualidade pouco frequente. Entretanto, mesmo no mais artístico dos circuitos estão presentes em suas periferias edições limitadas dos tenazmente domésticos.

Como eu, em geral, gosto bastante de crianças, aceito essa condição com muito menos sofrimento do que meus amigos mais refinados. Isso não quer dizer que eu me deixe seduzir por qualquer sorrisinho, mas apenas que me coloco numa posição de inquestionável objetividade e, portanto, eminentemente qualificada para lidar com a questão como uma autoridade.

Pelo extraordinário número de crianças que vemos por aí, fica a impressão de que as pessoas as geram por qualquer motivo, sem pensar duas vezes — já que se elas dessem a devida atenção a essa questão, certamente agiriam com maior decoro. É claro que, até agora, os pais e as mães em potencial nunca haviam tido a oportunidade de analisar os fatos com total clareza e, portanto, não podiam ser responsabilizados por completo por seus atos. Com esse objetivo, compilei cuidadosamente todas as informações pertinentes ao assunto com a esperança fervorosa de que isso resulte num futuro populado por um grupo de crianças muito mais interessantes do que as que conheci até então.

A favor

Preciso questionar a expressão "apenas uma criança", uma vez que, na minha experiência, a companhia de apenas uma criança é invariavelmente preferível à companhia de apenas um adulto.

* * *

Crianças costumam ter uma estatura pequena, o que as torna muito úteis para alcançar lugares de difícil acesso.

* * *

Crianças não sentam umas ao lado das outras nos restaurantes para discutirem seus planos ridículos para o futuro num tom de voz elevado.

* * *

Crianças fazem perguntas melhores que as dos adultos. "Posso comer um biscoito?", "Por que o céu é azul?" e "Como é que faz a vaca?" são muito mais propensas a arrancar uma resposta entusiasmada do que "Cadê o seu manuscrito?", "Por que você não me ligou?" ou "Quem é o seu advogado?".

* * *

Crianças personificam o conceito de imaturidade.

* * *

Crianças são os melhores adversários para jogar Scrabble, pois são, ao mesmo tempo, fáceis de vencer e divertidas de enganar.

* * *

Ainda é muito possível estar em uma multidão de crianças e não detectar no ar o menor traço de loção pós-barba ou colônia viril e excitante.

* * *

Nunca um membro do grupo dos menores de idade propôs a criação da palavra CEOzinho.

* * *

Crianças dormem ou sozinhas ou com pequenos animaizinhos de pelúcia. A genialidade por trás desse comportamento é inquestionável, uma vez que ele as priva do aborrecimento colossal que é se tornar o guardião das confissões sussurradas de outra pessoa. Ainda não me deparei com um ursinho que escondesse um desejo secreto de usar um uniforme de empregada.

Contra

Mesmo logo após se lavar e afastadas das guloseimas mais populares, crianças têm uma tendência a serem grudentas. A única conclusão possível é que isso tem alguma coisa a ver com o fato de elas não fumarem o suficiente.

* * *

Crianças definitivamente não têm muito bom gosto para moda e, quando deixadas à sua própria sorte, muitas vezes escolhem peças de roupa de péssimo caimento. Nesse sentido, elas não diferem tanto assim da maioria dos adultos, mas, por algum motivo, é mais fácil acusá-las.

* * *

Crianças respondem de forma inadequada a um humor sardônico e a ameaças veladas.

***

Notoriamente alheias a mudanças sutis de humor, crianças costumam insistir em debater a cor de uma betoneira recém-avistada muito tempo depois que o interesse de qualquer outra pessoa no assunto esfriou.

***

Crianças raras vezes se encontram numa posição em que possam emprestar uma quantia realmente interessante de dinheiro. Há, entretanto, exceções, e tais crianças dão excelentes convidados para qualquer festa.

***

Crianças acordam em horários indecorosos e, em geral, querendo colocar comida num estômago vazio.

***

Crianças não ficam bem na maioria dos vestidos de festa.

***

Com muita frequência, crianças estão acompanhadas por adultos.

Manual de treinamento para senhorios

Toda profissão exige de seus praticantes determinados talentos, habilidades ou treinamentos. Dançarinos precisam ter agilidade nos pés. Neurocirurgiões precisam frequentar uma faculdade de medicina. Fabricantes de vela precisam ter uma afinidade com a cera. Essas ocupações, todavia, são apenas a ponta do iceberg. Como os demais aprendem seus ofícios? É o que veremos a seguir.

Como ser um senhorio: Uma introdução

Para ser um senhorio, em primeiro lugar é necessário adquirir um ou vários imóveis. Isso pode ser feito de duas maneiras. A mais agradável, de longe, é por meio de uma herança — o método preferido não apenas por ser o mais fácil, mas também porque elimina a enfadonha tarefa de escolher a propriedade. Este manual, entretanto, não é voltado para os senhorios dessa estirpe, uma vez que receber uma herança invariavelmente envolve uma configuração genética que torna a educação formal um tanto quanto dispensável.

Menos agradável, mas, por algum motivo, mais comum (essas duas coisas costumam andar juntas), é o método da compra propriamente dita. E é aqui que começa o nosso trabalho.

Primeira lição: A compra

Imóveis podem ser divididos em dois grupos principais: os baratos e os caros. Tenha em mente que esses termos são apenas para uso profissional e não devem nunca ser utilizados na presença dos inquilinos, que, quase sem exceções, preferem os termos *muito* e *acessível*. Se o preço de um prédio lhe parecer excessivo, você deve sempre levar em conta o velho ditado que diz: "O problema não é o custo inicial, mas a manutenção", pois, no papel de senhorio, você estará na invejável posição de ter entrado numa profissão em que a manutenção é responsabilidade do cliente. Talvez seja mais fácil absorver esse conceito apenas imaginando que você é como uma espécie de companhia telefônica. Você ficará ainda mais animado ao perceber que, embora de fato exista uma enorme disparidade no preço dos prédios, essa terrível desigualdade não precisa ser transferida para o seu inquilino por meio de um degradante aluguel mais baixo. A esta altura já deve estar claro para os alunos mais atentos que a escolha de um prédio é, basicamente, uma questão de preferência pessoal e, como cabe ao precioso senhorio se preocupar com esse detalhe, vamos avançar para a próxima lição.

Segunda lição: Cômodos

O mais importante aqui é que você entenda que todo cômodo é uma questão de opinião. Afinal, o prédio é seu, e se você escolhe designar um determinado espaço como um cômodo, então ele é, de fato, um cômodo. Especificar a função dele também é responsabilidade sua, e os inquilinos precisam ser lembrados disso constantemente, uma vez que com frequência tendem a chamar um de seus cômodos de closet. Isso, é claro, é de uma pretensão risível, já que pouquíssimos inquilinos viram um closet em suas vidas.

Terceira lição: Paredes

Um número mínimo de paredes é um dos ossos desse ofício. E embora alguns de vocês queiram de maneira compreensível economizar nesse aspecto, o aluno mais atento terá se dado conta de que as paredes garantem um bom retorno sobre o investimento, uma vez que são uma das matérias-primas de um cômodo. Isso não quer dizer que você, como senhorio, deve se tornar escravo das convenções. Gesso e outros materiais similares são constrangedoramente démodés para o aluno moderno. Se você é pai, sabe que paredes podem ser feitas tranquilamente por crianças, em casa ou no quintal, usando uma pasta simples feita com farinha, água e alguns jornais velhos. O senhorio sem filhos talvez também se interesse pelos papéis de parede — uma valiosa nova tecnologia vendida em rolos. Eles podem ser arrancados da parede com facilidade e podem ser pintados, caso algum dia você seja forçado pela lei a realizar o procedimento.

Quarta lição: Calefação

A chegada do inverno, invariavelmente, parece impregnar no inquilino um desejo quase doentio por calor. Mesmo que possua blusões e meias em abundância, ele se recusa a reconhecer sua utilidade e, com muita teimosia e egoísmo, insiste em *se* esquentar utilizando a calefação *do senhorio*. Existe uma variada gama de estratagemas à disposição dos senhorios mais criativos, porém o mais eficaz de todos exige um gasto financeiro efetivo. Não reclame, pois valerá muito a pena — e será divertido. Compre um gravador. Leve-o até a sua casa no subúrbio e deixe-o perto do seu aquecedor. Seus mecanismos sensíveis captarão os sons da calefação em funcionamento. Quando reproduzida em alto volume no porão do prédio, essa gravação é capaz de impedir que os inquilinos reclamem por dias a fio.

Quinta lição: Água

Para o senhorio, é muito difícil entender o desespero de um inquilino por água quando os supermercados modernos estão cheios de sucos e refrigerantes dos mais variados tipos. A coisa fica ainda pior quando se leva em conta que, pelo menos algumas dessas vezes, a água precisa estar quente. Essa situação difícil pode ser parcialmente contornada quando você percebe que *quente*, assim como *cômodo*, é apenas uma questão de opinião.

Sexta lição: Baratas

É dever solene de todo senhorio manter um fornecimento adequado de baratas. A proporção minimamente aceitável entre baratas e inquilino é de 4 mil para um. Se esse arranjo provocar uma expressão de desaprovação da parte do inquilino, ignore-o por completo. Ele é conhecido por estar sempre reclamando. O motivo exato para que isso aconteça não é conhecido, embora existam diversas teorias. A mais plausível delas atribui a irritabilidade crônica do inquilino ao seu provável hábito de consumir enormes quantidades de calefação e água quente — uma prática que notoriamente resulta no desaparecimento trágico e prematuro das lâmpadas do corredor.

Sucesso sem faculdade

A expressão *mãe de palco* é utilizada para descrever uma progenitora que, dizendo da forma mais educada possível, toma para si a missão de insuflar em seu filho uma ambição teatral para um possível sucesso. Toda a educação da criança tem esse objetivo como base, algo que já resultou, de modo inquestionável, na produção de um número considerável de estrelas.

Entretanto, nestes nossos tempos focados na especialização e na competição acirrada, seria ingenuidade presumir que as técnicas desse tipo de educação infantil ficariam restritas apenas ao mundo do show business. Veja abaixo alguns exemplos:

Mãe de arquiteto

A mãe de arquiteto acredita piamente que o seu trabalho lhe cai como uma luva. Seus dias são ocupados pela difícil tarefa de fazer o filho internalizar a necessidade da economia de linhas e a conveniência de limpar os pés antes de ingressar em sua máquina de morar. Talvez outras mães tenham filhos que prestam atenção, que entendem que a forma deve seguir a função, e que é válido considerar as qualidades reflexivas de um vidro *antes* de começar a brincar. Outras talvez possam relaxar de vez em quando porque seus filhos escutam na *primeira* vez, sem que precisem que lhes digam diversas vezes, até que eu não aguente mais me ouvir dizendo: *"Menos, menos, eu tô falando sério, é menos. E eu não vou falar isso de novo"*.

Mãe de apresentador de talk show

Esse é um trabalho com uma variedade tão enorme de problemas que o número de pessoas que acabam entrando na área é relativamente baixo. O trabalho é duro e os turnos são longos, pois ainda é muito cedo para dizer se a criança será uma criatura do começo da manhã, do meio da tarde ou do fim da noite. Nenhuma faceta da vida moderna pode ser ignorada. "Vegas, querido, o 'Las' é exclusivo *deles*. É só Vegas mesmo. Isso mesmo. Agora, o que a gente faz em Vegas? Não, querido, isso é o que *eles* fazem em Vegas. Nós *jogamos* com Vegas. Nós *estamos jogando* com Vegas. Nós *jogávamos* com Vegas. Não vamos esquecer da gramática. Vamos ter um pouco de consideração pela língua aqui, por favor. Agora, quando nós jogamos com Vegas, o que mais nós fazemos? Isso mesmo — nós *acabamos com eles*. *Acabamos com eles* em Vegas. *Estamos acabando com eles* em Vegas. *Acabávamos com eles* em Vegas. E o que nós fazemos quando as coisas começarem a ficar interessantes? Bom, sim, nós podemos *piiiii* às vezes, mas não é isso que paga a mesada, né? Não é isso que compra uma bicicleta. Não. Nós temos que vender um pouquinho. Então nós cortamos para os comerciais. Ouvimos a palavra dos nossos patrocinadores e damos um espaço para as emissoras exibirem seus logotipos. Boa. Agora, aqui está um livro. O que nós fazemos com os livros? Não, e eu não quero ter de repetir isso de novo, *nós* não lemos livros. Você quer ler livros ou quer ser apresentador de um talk show? Não dá para fazer as duas coisas. Nós não *lemos* livros. Nós *nos programamos para* ler livros. E onde nós nos programamos para ler livros? Isso mesmo — *no avião. Nós nos programamos para ler no avião.* E por que não lemos? Vamos lá, já falamos sobre isso mil vezes. Vou te dar uma dica — mas esta é a última vez. O.k., aqui vai a dica — começa com a letra D. Isso mesmo, Duke. Nós nos programamos para ler no avião, mas aí nos deparamos com o Duke — Duke Wayne. Muito bom, querido, excelente. Acho que já é o suficiente por esta noite. Espere aí, rapazinho, onde é que você pensa que vai? Para a cama? Sério? Sem repassar rapidinho os convidados de amanhã? É assim que você sai de uma sala de reunião? Muito bem. Excelente. Dezoito horas por dia nisso e você simplesmente se levanta e sai da sala sem repassar rapidinho os convidados de amanhã. Não é assim que se comporta um apresentador de talk show e, se você não aprender isso agora, vai acabar descobrindo da pior maneira. *Estou falando sério*. Eu não gosto de dizer isso — eu *sou* a sua mãe —, mas você acabaria sendo cancelado, estou falando sério. O quê? Quem? Cloris Leachman? Gore Vidal? Shecky Green? Dr. Joyce Brothers e Jim Bouton? Esse é o meu nenê! Você é incrível, querido. Boa noite."

Mãe de agente funerário

O fardo carregado pela mãe de agente funerário não é fácil, pois ela precisa passar praticamente cada segundo em que está acordada policiando o comportamento do filho. Isso que ela está ouvindo é uma *risadinha*? Exausta, tem de ir até o quarto do garoto e repreendê-lo pela décima milésima vez: "Será que você poderia, por favor, ser um pouquinho mais soturno? Ou isso é pedir demais? Um pouco de dignidade? Um mínimo de respeito pela melancolia? As outras crianças conseguem ser soturnas sem que suas mães precisem ficar repetindo isso a cada vinte segundos. As outras crianças podem ser deixadas sozinhas por dez minutos sem caírem na gargalhada. As outras crianças não encolhem os ombros e saem de perto quando suas mães perguntam como elas estão — elas respondem 'muito vivo', num tom de voz baixo, na primeira vez em que são questionadas. As outras crianças conseguem usar um cravo o dia inteiro sem que ele murche. Eu não sei onde foi que errei com você. Não sei de onde foi que você tirou esse seu gosto pela simplicidade, e nem é bem simplicidade: é por coisas ordinárias e vagabundas, na minha opinião. Ah, e não pense que eu não estou sabendo daquele seu caixote de madeira de pinho. Eu não sou burra. Bom, deixa eu te dizer uma coisa, sr. Sabichão. Existe uma coisa chamada mogno sólido com acabamentos em bronze e forro de cetim que, quanto antes você souber que existe, melhor será para você".

Mãe de maître

Poucos conhecem os problemas que atormentam a mãe do aspirante a maître. Não apenas ela precisa lidar com a dificuldade de instigá-lo com uma paixão por floreios desnecessários, como também tem de reprimir seus inocentes impulsos de amabilidade. "Quantas vezes eu já te disse para não responder na primeira vez em que falam com você? *Quantas?* E posso perguntar que história é essa de você ficar tão *solícito*, assim do nada? Onde você aprendeu isso? É assim que você quer ser quando crescer? *Solícito?* Tudo bem. Maravilha. Vai lá, seja solícito. Por mim você pode até virar escoteiro. Isso, escoteiro — porque é assim que você vai acabar se não parar de fazer besteira. Não sou eu quem quer ser maître. Não fui eu quem disse: 'Ah, mamãe, se você me transformar num maître eu nunca mais vou te pedir nada, nunca mesmo'. Então, não sou eu quem vai sofrer. Você quer ser maître? Se comporte como um. Ignore um pouco as pessoas, por favor. Seja desnecessariamente arrogante. Quer ser prestativo? Me escute bem, tem hora e lugar para isso. Chega a princesa Grace Kelly, o David Rockefeller, o Tennessee Willians, o.k., tudo bem, tranquilo, aí você pode ser prestativo — você tem a minha permissão. Mas eu não quero você fazendo isso o tempo todo. Eu não quero te ver sendo prestativo com um babaca que saiu para curtir e está incluindo sua conta cara como despesa de trabalho. Eu não quero te ver fazendo isso com alguém vestindo traje esporte com dois ingressos no corredor para assistir *A Chorus Line*. Você me entendeu? Um pouco mais de tráfico de influência e um pouco menos de recepções calorosas, o.k.? Você sabe que seu pai e eu não estaremos aqui para sempre."

Mãe de crítico gastronômico

A mãe de crítico gastronômico é uma mulher orgulhosa. Na verdade, tão orgulhosa que as pessoas que a conhecem já não aguentam mais ouvi-la dizer o quanto seu filho é exigente para comer. Porém seu orgulho é compreensível, uma vez que ela fez por merecer aquilo. Durante anos, perguntou: "Como está o almoço, querido?", só para ouvir de volta um conciso "o.k.". Dia após dia, ela foi instigando aos pouquinhos o filho, até o dia em que sua pergunta obteve a seguinte resposta recompensadora: "Mamãe, o sanduíche estava esplêndido. O pão de fôrma, suave e discreto, criou uma cama perfeita tanto para a pungente e complexa manteiga de amendoim com pedaços quanto para o suco de uva leve e aromático da Welch's. Os palitos de cenoura, trazendo um delicado dulçor, reafirmavam sua integridade a cada gloriosa mordida crocante. O achocolatado Yoo Hoo estava elegante — fresco, porém robusto —, e o bolinho Yankee Doodle era uma sinfonia de um creme branco como a neve com um bolo escuro e intenso, coberto por um chocolate esplendoroso: um flerte com o profano".

Banco especializado: Um balanço

Não muito tempo atrás, na sofisticada área que fica no Upper East Side, apareceu uma instituição chamada First Women's Bank, o Banco da Primeira Mulher. Isso me instigou a especular:

1. Isso é só uma moda passageira ou é uma tendência real?
2. Como é de fato o Banco da Primeira Mulher?
3. Podemos esperar o surgimento de uma instituição concorrente chamada Banco da Outra Mulher?

Refleti muito sobre isso e obtive sucesso na elaboração de respostas para essas três perguntas. Minha intenção original era respondê-las nessa ordem, mas, no fim das contas, acabei optando por outro plano de ação. Para que você não fique com a impressão errada, me apresso em alertar que isso não constitui, de forma alguma, uma extravagante demonstração de capricho. Eu apenas mudei de ideia — algo que, afinal, é uma prerrogativa de qualquer mulher.

Como é de fato o Banco da Primeira Mulher?

Em vez de tentar responder a essa pergunta utilizando os métodos de um repórter investigativo — bateção de pernas, pesquisa e descoberta de fatos —, decidi empregar as ferramentas dos palhaços irresponsáveis: ficar estirada no sofá, falar ao telefone e inventar coisas. Esse procedimento se revelou bastante satisfatório, resultando no relato a seguir.

O Banco da Primeira Mulher é chamado de Banco da Primeira Mulher apenas em consideração às convenções. Esse não é o seu nome verdadeiro. Seu nome verdadeiro é Contas Separadas. Quando uma cliente comum (para facilitar a compreensão vamos chamá-la de Fulana) entra no banco, ela pode escolher três guichês.

1) DAR: O TROCO
2) SIGNIFICA QUE: ACABOU
3) O DINHEIRO: PARA: VOCÊ

Caso Fulana julgue esses departamentos inadequados para atender às suas necessidades e experimente uma momentânea perda de fé, ela só precisa se lembrar de que o seu banco oferecerá todo tipo de conveniência — Clubes de Natal, de Chanuká, de Bridge — apenas para reconquistar sua confiança. Depois disso, nem mesmo saber que o banco fecha por dois a três dias todo mês por motivo de cólicas a impedirá de se aventurar pela área reservada para os negócios mais sérios. Aqui ela se deparará com uma linda fileira de mesas, cada uma delas exibindo uma solene plaquinha arredondada de identificação: Madge, Delores, Wilma e Mary Beth, respectivamente. Fulana escolhe Mary Beth e se senta. Mary Beth serve uma xícara de café para Fulana, desculpa-se pela bagunça em sua mesa e pergunta: o que está te incomodando? Quando Fulana pergunta a Mary Beth como ela sabe que tem alguma coisa a incomodando, Mary Beth apenas sorri e diz: "Intuição feminina". Fulana explica a Mary Beth que precisa de um empréstimo de 11 mil dólares para consertar seu carro, que foi severamente danificado num acidente que aconteceu após Fulana tentar fazer uma curva fechada à direita enquanto passava batom. Fulana estava louca para consertar o carro antes que seu marido voltasse de uma viagem de negócios. Mary Beth entende, é claro, e é feito um acordo, segundo o qual Contas Separadas se compromete a emprestar 11 mil dólares para Fulana em troca de oito peças de sua baixela de prata de boa qualidade para o próximo almoço da diretoria do banco. Após concluir o negócio com sucesso, Fulana vai embora — recitando alegremente o slogan grudento do banco: "A cor do dólar: blusas que combinam". Ela está 11 mil dólares mais rica e mais convicta do que nunca de que Contas Separadas será sempre a nova onda do futuro.

Isso é uma moda passageira ou uma tendência real?

A resposta para essa pergunta é "uma tendência real". O sucesso de Contas Separadas provocará um surto de bancos especializados, cada um voltado para um grupo específico.

Crianças

Essa instituição se chamará Primeiro Cofrinho Nacional. Ele oferecerá aos seus clientes um serviço exclusivo — o Banco de Colorir. Ele será todo equipado com lápis de cera de alta qualidade, que estarão presos a correntes. O lema do banco será "Nossos cheques são mais sem fundos do que os seus" e, em vez de serem estampados, os cheques serão oferecidos numa variedade de sabores: Framboesa Vermelha, Chocolate com Marshmallow, Baunilha Cremosa e Cereja. Os funcionários serão gentis, porém firmes, e os encarregados de procedimentos mais complexos como Adiantamentos de Mesada da Semana Que Vem ficarão sentados atrás de mesas exibindo suas plaquinhas de identificação — Tio Ralph, Tia Marcia, Tio Harold, e Titia Ruthie. Se um cliente fica devendo num empréstimo desse tipo, ele é mandado para o seu quarto sem sobremesa a uma taxa de 6,5% para cada mês de atraso. Se ele não pagar a dívida, o banco não tem outra alternativa a não ser confiscar o dinheiro de aniversário do devedor até que o empréstimo seja quitado. Horário de funcionamento: depois da escola e aos fins de semana depois de terminar a lição de casa.

Homossexuais

O Primeiro Banco Frenético Nacional se destacará por ser o único na cidade com uma consumação mínima obrigatória de dois drinques. Vantagens exclusivas incluem uma oferta de notas de três dólares e folhas de cheque com um retrato de Ronald Firbank ou com a letra completa de "Somewhere Over the Rainbow". Caso um cliente deseje solicitar um cartão de crédito, ele só precisa se dirigir à área de negócios, onde encontrará um sr. Eugene, um sr. Randy, um sr. Joel e um Eduardo inteiramente à sua disposição para compartilhar a informação de que o Mastrocard não é a única opção disponível. Horário de funcionamento: alta madrugada.

Psiquiatras

O Banco de Autocomiseração de Nova York não terá como sede um único prédio, e sim um complexo, já que nada neste mundo é simples. Caso um dos clientes faça um saque acima do limite do seu saldo, ele pode tentar convencer o banco a lhe dar o dinheiro mesmo assim, uma vez que foi a sua incapacidade em lidar de modo realista com números que provocou o erro. Se ele desejar estabelecer um relacionamento mais profundo com a sua conta, ele pode se acomodar num divã para debater com um dos funcionários imaturos e autodestrutivos. Todas as canetas do banco são equipadas com uma tinta que produz manchas de maneira simbólica. Horário de funcionamento: das 10h10 às 10h50.

Podemos esperar o surgimento de uma instituição concorrente chamada Banco da Outra Mulher?

Sem dúvida. Os sinais que denunciarão sua presença serão: caixas de depósito decoradas com bibelôs caros, um olhar sedutor e uma tendência a passar os Natais sozinha. Horário de funcionamento: terças e quintas, à tarde.

A legitimidade do domínio eminente versus o domínio legítimo do eminente

De maneira geral, uma lei é criada para proteger a população da ocorrência de um dano. De maneira geral, um dano é visto como um perigo físico. De maneira geral, o perigo físico não é um tema particularmente interessante. É verdade que também existem leis pensadas para resguardar a população dos desastres financeiros. E é ainda mais verdade que os desastres financeiros acontecem do mesmo jeito. Mas a maior verdade de todas é que a população não constitui um grupo particularmente interessante.

É por isso que o nosso sistema legal é tão pouco cativante, pois ele falha, de forma reiterada, na abordagem de três questões fundamentais. E essas três questões fundamentais são:

1. É bonito?
2. É divertido?
3. Conhece o seu lugar?

Pode-se notar, logo de cara, que essas três questões não apenas englobam todas as possibilidades cobertas pelo sistema atual como também, e mais importante ainda, encaram de frente as verdadeiras mazelas da vida moderna. Elas são, portanto, a única base possível para qualquer sistema racional de justiça e, doravante, devem ser encaradas dessa forma. Se você responder de forma negativa a qualquer uma dessas perguntas, você estará cometendo um ato ilegal. Em nome de uma clareza maior, abordarei cada questão de forma separada, embora seja bastante evidente o fato de que elas estão profundamente interligadas, como se fossem três irmãs.

É bonito?

Quando eu estava no ensino primário, era comum que, no começo de cada ano letivo, as professoras exemplificassem o princípio da liberdade individual numa democracia, dizendo: "O seu direito de balançar os braços termina onde começa o nariz de outra pessoa". Conceito admirável, sem sombra de dúvida. Mas é um conceito que fracassa justamente no detalhe, no que faria toda a diferença.

Trata-se apenas de um erro de interpretação. Eu, por exemplo, prefiro mil vezes ser agredida no meu nariz do que nas minhas sensibilidades. E é por isso que proponho o seguinte aforismo: "O seu direito de usar um terno esporte de poliéster verde-claro termina quando ele encontra os meus olhos". Se você decidir ignorar essa regra, você será preso pelo seu mau gosto.

Para administrar todas as minhocas que rastejarão para fora dessa lata agora que ela foi aberta, será indicado um Comissário do Bom Gosto, que emitirá um parecer detalhando os delitos a seguir:

a) Construção de pontes que parecem barbeadores elétricos gigantes.

b) Comerciais de TV e anúncios de revista que usam pessoas reais em vez de modelos.

c) Cigarros com diferentes opções de cores: se os brancos eram bons o bastante para Edward R. Murrow, eles são bons o bastante para você.

d) Cubos de gelo com diferentes opções de formatos: o lugar de uma flor é na lapela de alguém, não dentro do seu bourbon.

e) Aeroportos que caíram nas mãos de designers gráficos com uma inclinação pela simplicidade total.

f) Móveis projetados para parecerem objetos com os quais crianças brincavam nos anos 1940.

g) Camisetas de mangas compridas com estampa de smoking que são, invariavelmente, usadas por pessoas que só teriam a chance de usar um smoking nos seus empregos.

A pena para os responsáveis por qualquer um dos crimes mencionados acima seria passar noventa dias na companhia do inventor do pôster de revista com foto de homem ou 72 meses em Los Angeles — o que aparecer primeiro.

É divertido?

Era uma vez, há muito, muito tempo, um mundo em que as pessoas desejavam ser eloquentes. Aqueles capazes de articular palavras numa sequência eram muito admirados. A perspicácia estava em voga. Foi a era do epigrama.

O tempo passou e, aos poucos, as pessoas acabaram se interessando mais por serem estimadas. Aqueles capazes de dar um aperto de mão bem firme eram muito admirados. A cordialidade estava em voga. Foi a era do telegrama.

Atualmente, parece que as pessoas estão mais preocupadas em estarem descansadas. Aqueles capazes de ter uma noite de sono ininterrupto são muito admirados. A inconsciência está em voga. Essa é a era do miligrama.

Longe de mim fazer barulho enquanto você dorme, mas gostaria de informá-lo que você está preso por ser chato. O Comissário da Loquacidade suspeita que você tenha infringido uma ou mais das seguintes regras:

a) Em vez de se aventurar na arte da conversação, você preferiu se comunicar com o seu semelhante abraçando desconhecidos que estão lidando com traumas de sua infância imersos numa piscina cheia de água morna.

b) Você acha que o Movimento de Libertação das Mulheres tem, *sim*, senso de humor.

c) Você usa, em suas conversas, frases que estampam camisetas.

d) Você compartilha com David Susskind um interesse aparentemente inesgotável pela vida privada de homossexuais que querem manter sua homossexualidade em segredo.

e) Você sente a necessidade de discutir, semanalmente, seus pensamentos mais íntimos com outras seis pessoas, sendo que você está pagando apenas uma por isso.

f) Você não sente mais a necessidade de discutir, toda semana, seus pensamentos mais íntimos com outras seis pessoas, sendo que uma está sendo paga para isso, porque você acha que a Erica Jong já disse tudo por você.

g) Para você, a sigla EST* significa outras coisas além de Eastern Standard Time.

h) Você é o apresentador de um talk show que acredita piamente que todas as pessoas em todo o mundo vão comentar por duas semanas o fato de você ter apresentado seu próximo convidado como "dr. Jonas Salk — um cara bonito".

Caso seja declarado culpado, você será sentenciado a um ano de assinatura da *Psychology Today* ou a 72 meses em Los Angeles — o que aparecer primeiro.

---

* Também Erhard Seminars Training, um programa de treinamento que existiu até 1984 e foi muito criticado, com denúncias de agressão verbal, autoritarismo e charlatanismo. [N. E.]

Conhece o seu lugar?

Sob a jurisdição do Comissário Do Que É Apropriado, o adágio "Um lugar para tudo e tudo em seu lugar" foi ampliado para incluir "Um lugar para todo mundo e cada um no seu lugar". Você não está no seu lugar ou é responsável por alguma coisa que não está no lugar dela se for culpado por qualquer uma das seguintes instâncias:

a) Você é um homem que frequenta eventos de conscientização feminista.
b) Você é uma mulher que frequenta eventos de conscientização feminista.
c) Você é um cão e vive em Nova York, provavelmente no meu bairro.
d) Você é um uniforme de combate camuflado do Exército sendo usado por alguém que não é um soldado no Sudeste Asiático.
e) Você está num cômodo com carpete e papel de parede e pensa que está no banheiro.
f) Você está a caminho do meu apartamento e não me telefonou antes.
g) Você escreve poesia e não está morto.

Os condenados por qualquer um dos crimes mencionados acima serão submetidos a uma sobremesa servida dentro de um copo de uísque ou a 72 meses em Los Angeles — o que aparecer primeiro.

Assuntos de família: Uma história moral

A junção do termo *natural* à palavra *parto* pressupõe a existência de um tipo de parto não natural. Defensores desse pensamento argumentam que, durante milhares de anos, as pessoas pariram seus filhos na privacidade e no sossego de seus próprios lares ou arrozais, simplesmente se deitando e respirando fundo. Toda essa história de correr para um hospital, injetar drogas na veia e ser acompanhada por médicos estaria errada. Não era para ser desse jeito. Algumas pessoas deram ouvidos a isso. Outras não. Algumas das que não deram o fizeram com arrogância, com uma crença cega e profunda na certeza de sua artificialidade. Elas gostavam de correr para o hospital. Amavam ter drogas injetadas na veia. Adoravam ser acompanhadas por médicos. Para elas, a não naturalidade era o jeito correto de viver. Resolutas em seu compromisso com a artificialidade, elas cumprimentavam umas às outras com olhares significativos e se despediam sussurrando *à rebours*. Estavam satisfeitas consigo mesmas e acreditavam ser o mais sofisticadas que poderiam diante daquelas circunstâncias, que eram inquestionavelmente heterossexuais e, portanto, limitadas.

Então, pouco a pouco, rumores inquietantes começaram a circular nesse grupo. Cochichos sinistros eram ouvidos. Os membros mais proeminentes começaram a ser vistos com frequência cada vez menor nas salas de espera dos melhores consultórios. Após meses de especulações à boca pequena, a verdade enfim veio à tona: certo membro extravagante tinha descoberto uma maneira de dar à luz que fazia com que um mero parto não natural parecesse que você estava prestes a comer sua própria placenta. Esse grupo estava driblando por completo essa história de funções corporais e estava conseguindo seus filhos dentro de bares.

O mais popular desses bares se chamava Franguinho e ficava num prediozinho de tijolo aparente num endereço sofisticado perto do East River. Os futuros papais e mamães chegavam ao estabelecimento em táxis ou em seus carros particulares, batiam animadamente na porta envernizada cor de chocolate e se apresentavam para uma septuagenária que dava a falsa impressão de ser gentil e era conhecida apenas como Vovó.

Quando sua entrada era aprovada, eles se sentavam nas mesinhas ou encostavam no balcão, tentando parecer adoráveis enquanto passavam pelo meio das crianças. Falavam muito pouco e apenas para comentar a qualidade dos frequentadores do lugar, com manifestações como "Você acha aquele ali parecido comigo?", "Nunca tinha visto ninguém com mais cara de presidente do conselho estudantil do que aquele ali" e "Você acha que aquela ali arruma a própria cama?". Os mais agressivos costumavam abordar de imediato as crianças mais promissoras, caminhando ao seu lado e murmurando: "Oi, amiguinho, você gosta de jogar bola?". Ou, para atrair um tipo muito específico de garotinhas loiras, lhes davam escondido cookies com gotas de chocolate caseiros e deixavam bem claro que havia muito mais no lugar de onde aqueles haviam saído.

As crianças não ficavam muito atrás em suas próprias artimanhas. Alguns desses pestinhas eram simplesmente impossíveis. Conforme a noite ia avançando e a maioria dos adultos que aparentavam ser mais transigentes ia sendo conquistada, não era raro que os desesperados, aqueles que achavam que não seriam adotados, fossem vistos aplicando de maneira furtiva no nariz lindas sardinhas, usando um lápis de sobrancelha marrom que haviam contrabandeado, ou anunciando, em alto e bom som, para que todo mundo ouvisse, que, quando crescessem, eles queriam ser médicos.

Um observador mais atento não deixaria de perceber que certos clientes ignoravam por completo o salão principal e iam direto a uma sala nos fundos, que era reservada para aqueles com gostos mais específicos. Nela, as crianças deixavam uma das alças de seus macacões desabotoadas para indicar determinadas características. Uma alça esquerda desabotoada significava: Sou respondão... Não faço meu dever de casa... Farei xixi na cama até os quinze anos... Transformarei sua vida num verdadeiro inferno... Você ficará se perguntando o que fez para merecer alguém como eu. Esse grupo rapidamente começava a orbitar ao redor dos adultos que seguravam seus cigarros com a mão direita, o que significava: Não se preocupe, nós daremos um jeito... Como eu posso ajudar?... Não foi nesse sentido que eu quis dizer... Onde foi que eu errei?

Uma alça direita desabotoada significava: A culpa foi minha... Tentarei melhorar... Não consigo mentir... Acho que eu não sou bom. Essa turma invariavelmente ia atrás dos adultos que seguravam seus cigarros com a mão esquerda, que significava: Sem sobremesa... Vá para o seu quarto... Joguei tudo fora... *Nós* não comemoramos o Natal.

Como você deve estar imaginando, uma situação como essa não poderia se estender para sempre. Outros pais artificiais em potencial começaram a lotar o Franguinho. Em pouco tempo, começaram a vir de outras cidades. "Os fins de semana", diziam os especialistas, "são absolutamente impraticáveis. Quer dizer, você viu as crianças que estavam lá na semana passada? Só repetentes. Sério, estou te falando."

Por fim, toda essa atividade acabou chamando a atenção da polícia e, numa noite de sábado, o Franguinho sofreu uma batida. "Mão na parede, filhos da mãe!", gritou um dos policiais para um grupo de crianças que segurava com força as mãos de mulheres suspeitas vestindo aventais. "Sim, pode crer, nunca vamos crescer!", bradavam as crianças, em resposta. De repente, um garotinho se desvencilhou da mãe que havia acabado de adquirir, correu até o bar e pegou uma mamadeira. "Pare agora mesmo!", gritaram os homens da lei. Seu aviso foi ignorado, e outras três crianças do tipo que não sabem quando parar logo se juntaram ao garotinho. Todos beberam com avidez de suas respectivas mamadeiras e exibiram sorrisos endiabrados aos policiais, ostentando seus bigodes de leite. Os homens de azul, pressionados além de seus limites, abriram fogo. As quatro crianças foram mortas. E essa tragédia ficou conhecida como o Massacre da Sede Saciada.

Grupos de apoio: Eu estou bem, você não

Ao longo da história, as pessoas têm demonstrado uma tendência infeliz de se reunirem em grupos. As razões para esse fenômeno variam muito, mas podem ser divididas em duas categorias gerais: necessidade em comum e desejo em comum. Na categoria da necessidade em comum (e lhes garanto que a palavra *comum* não foi escolhida por acaso) encontramos coisas como partidos políticos de esquerda, mutirões para construção de celeiros, manadas de leões, movimentos pela libertação dos gays, casas de repouso para idosos, a revista *Ms.*, exércitos, grupos de costureiras, as Rockettes e programas nos mesmos moldes do EST.

Debaixo do guarda-chuva do desejo comum — o comentário anterior feito entre parênteses também se aplica aqui — estão partidos políticos de direita, aulas de atividade física, os Sete de Chicago, comitivas, a New School for Social Research, plateias animadas e programas nos mesmos moldes do EST. O fato de alguns, senão todos os representantes de cada categoria parecerem intercambiáveis é porque a necessidade e o desejo, assim como o algodão de Madras, possuem a tendência de misturar as suas tintas.

Os leitores mais atentos devem ter percebido que os programas nos mesmos moldes do EST aparecem em ambas as categorias. O motivo para isso é duplo: primeiro porque aqueles que participam desse tipo de programa o fazem tanto por desejo quanto por necessidade, e segundo porque esse tipo de programa é a própria essência do grupismo e, portanto, é o item mais repugnante de todos. O fato de eu ser desprovida por completo de simpatia ou interesse pelo mundo dos agrupamentos pode ser diretamente atribuído a que meus dois desejos e necessidades principais — fumar cigarros e planejar vingança — são, basicamente, atividades solitárias. É claro que, às vezes, um ou dois amigos aparecem e fumamos juntos e, eventualmente, eu troco algumas ideias sobre vingança com uma companhia interessada em ouvir, mas fazer uma reunião apenas para isso seria algo totalmente desnecessário.

Estou, portanto, muito consternada pelo fato de que programas nos mesmos moldes do EST estejam se proliferando numa velocidade tradicionalmente associada às desordens amébicas mais desagradáveis — sendo a velocidade de proliferação apenas uma de suas muitas características em comum. Como essa busca desenfreada pela realização pessoal não demonstra nenhum sinal de arrefecimento, temo que, em breve, sejamos testemunhas de programas criados para sanar desejos e necessidades até então considerados extremamente específicos. Abaixo, listo algumas possibilidades.

DEP

DEP, uma sigla para Descanse Em Prazer, é uma organização para os falecidos que, por algum motivo, acreditam não estar tirando o melhor proveito de suas mortes. O nome do líder desse grupo não é conhecido — ele é na melhor das hipóteses uma figura esquiva, mas, de modo geral, acredita-se que o DEP foi criado em resposta às necessidades de um círculo restrito que compartilhava entre si o temor esporádico de que, de alguma forma, não se sentia *tão* morto assim. Assim, acredita-se que Juiz Crater, Deus, Amelia Earhart, Adolf Hitler e o Bebê de Lindbergh sejam os responsáveis pela criação desse programa.

Os defuntos incertos se reúnem sempre que sentem vontade, e seus encontros consistem, em grande parte, no ato de responder de forma honesta a uma série de perguntas do tipo: "Você está guardando seus recibos?", "Você está tossindo?", "Você está fazendo uma dieta sem carboidratos?", "Você está esperando por um cheque?", "Você está aposentado?". "Não?", responde o líder. "Então, você está obviamente morto. Se você está morto não tem como você não estar gozando de paz eterna. Se você está gozando de paz eterna, você está livre de todas as responsabilidades e da eventualidade de ser incomodado. Pronto. O que pode ser mais prazeroso do que isso?"

Existem certas restrições aos frequentadores dos encontros do DEP. Seus membros não podem ir ao banheiro, esticar as pernas ou comer. E embora não tenha havido nenhuma queixa da parte de seus membros, sempre existem aqueles céticos, descontentes e reclamões que têm certeza de que se o DEP fizesse uma investigação mais adequada, mais esqueletos sairiam de dentro dos armários.

CAGO

O CAGO, ou Coletivo Animalesco, Grosseiro e Ogro, é um programa dedicado à ideia de que a vulgaridade e o mau gosto são direitos inalienáveis. Os CAGOs, como às vezes são chamados, se reúnem quando têm vontade no quartel-general do programa, conhecido como La Gaucherie. O lugar é densamente decorado por 7 mil aparelhos de televisão em cores sempre ligados, novecentos sistemas de som estéreo tocando constantemente no volume máximo e apresenta uma mistura eclética de mesas e cadeiras de jantar no estilo mediterrâneo, poltronas divertidas, penduricalhos interessantes cobrindo as paredes e conjuntos modulares de sofá. Quando não estão ocupados praticando guitarra ou escrevendo artigos para a *Playgirl*, seus membros se sentam em posições exageradamente confortáveis para expressar suas emoções e suas opiniões mais profundas em um tom de voz alto. CAGOs masculinos são encorajados a deixarem os cinco primeiros botões de suas camisas abertos, a menos que tenham uma pele muito branca ou o peito cabeludo, pois nesse caso são *obrigados* a fazê-lo. Membros do sexo feminino são encorajados a encorajá-los. Ambos os sexos tomam parte num tipo de meditação que consiste em respirar profundamente óleo de almíscar enquanto usam roupas feitas de tecidos sintéticos. O objetivo final dessa prática é atingir o estado mental conhecido como Los Angeles.

CHORO

CHORO quer dizer Coletivo Hipocondríaco Obsessivo RessabiadO, e seus encontros, que são chamados de clínicas, são realizados a cada vinte minutos num espaço conhecido como Sala de Espera. Os membros entram na sala, sentam-se em sofás de couro desconfortáveis e ficam lendo edições antigas da *Today's Health* até que o líder, um cavalheiro alto, distinto e com as têmporas grisalhas, chamado Cobertura Total, pede a palavra. Os membros precisam passar por um ritual de iniciação chamado Exame de Sangue antes que possam começar a comparar seus sintomas. A comparação de sintomas varia de encontro para encontro, mas todos que pertencem ao CHORO estão perfeitamente cientes do lema do programa: "Não existe isso de é *apenas* uma pinta". Muitas vezes a comparação de sintomas foge ao controle, com uma das vítimas tentando superar a outra. Nessas ocasiões, Cobertura Total sente a necessidade de relembrar aos membros do grupo o juramento que fizeram quando receberam o privilégio de ostentar a Cruz Azul e os repreende, entoando, desconcertado: "Pacientes, pacientes".

Mundo: Uma resenha

Partida

Embarco num voo da Trans World Airlines para Milão, a primeira parada da minha turnê-relâmpago pelo continente. O avião está cheio de italianos (uma coisa com a qual eu não contava). Estou equipada com três pacotes de cigarros Vantage adquiridos no free shop e uma extensa lista de números de telefone que eu sei que jamais usarei. Quer dizer, eu simplesmente não consigo me imaginar ligando para alguém e dizendo: "Oi, você não me conhece, mas minha cabeleireira às vezes dorme com o seu assessor de imprensa, então por que você não me leva para conhecer Paris?". O voo foi tranquilo, exceto pelo cavalheiro à minha esquerda, um produtor de farinha milanês vestindo um terno de lã angorá verde que se apaixonou por mim, o que me obrigou a passar as últimas três horas da viagem fingindo estar em coma.

Milão

Milão é uma cidadezinha muito simpática. Uma bela catedral, *A última ceia*, uma estação de trem extremamente glamourosa construída por Mussolini, La Scala e muitos outros pontos turísticos agradáveis. Existem dois tipos de pessoas em Milão. As que trabalham para as diversas *Vogue* e as que não trabalham. As pessoas que trabalham para as diversas *Vogue* são muito sociáveis e gostam de sair. As que não trabalham para as diversas *Vogue* também podem ser muito sociáveis, embora, talvez, não falem muito bem inglês. Quase todo mundo em Milão é comunista, principalmente os ricos. É um lugar muito politizado, e a cidade está cheia de pixações comunistas e soldados. Todo mundo em Milão anda muito bem-vestido.

Em Milão os fósforos não são grátis. Uma cartela dupla custa cem liras, o que dá mais de quinze centavos em dinheiro de verdade. Fiquei escandalizada com isso e me ressentia profundamente sempre que alguém me pedia fogo. E quando alguém me *oferecia* fogo, eu ficava estupefata com tamanha benevolência, me sentindo como se tivesse ganhado alguma coisa.

Há uma severa escassez de troco na Itália. Quando você faz uma compra que obriga o comerciante a lhe devolver algumas moedas, ele te dá uma bala ou um selo no lugar. Se isso acontecer com você, não esnobe esses selos de jeito nenhum. Aparentemente não existem agências de correio na Itália, de modo que, se você precisar de selos, essa é a sua melhor oportunidade de adquiri-los. Todo mundo em Milão trabalha e, quando chove na cidade, eles põem a culpa em Roma.

Roma

Ninguém em Roma trabalha, e quando chove na cidade *e* eles por algum motivo percebem, eles põem a culpa em Milão. Em Roma as pessoas gastam a maior parte do tempo almoçando. E elas fazem isso muito bem — Roma é, sem dúvida, a capital mundial do almoço. É uma cidade muito arquitetônica, e tem bastante arte também. Os romanos são um povo muito gentil, que demonstra interesse pelas opiniões dos outros. Quando você sai dos Museus do Vaticano, dá para ver, à sua direita, uma caixa de sugestões. Eu sugeri que eles fizessem um tratamento acústico no teto da Capela Sistina para eliminar o burburinho insuportável gerado pelos turistas alemães. Depois disso, eles podiam recriar todas as cenas pintadas por Michelangelo usando tinta acrílica, preservando, assim, a forma *e* acrescentando alguma funcionalidade.

Estive em Roma por cerca de duas semanas, período no qual aconteceram cinco greves importantes. Não sei o que os grevistas queriam, nem se conseguiram ou não, mas provavelmente isso não importa. Fazer greve em Roma é muito mais uma questão de estilo do que de economia. É uma cidade muito bizarra em todos os sentidos. Você não precisa passar mais do que uma ou duas horas lá para se dar conta de que Fellini faz documentários.

Não existe rock na Itália, de modo que todos os jovens de lá querem ser astros do cinema em vez de viciados em heroína. Essa é uma informação pertinente se você gosta de menores de idade, porque significa que é possível ter uma conversa inteira com alguém de quinze anos sem sentir vontade de vomitar.

Cannes: O Festival de Cinema

Cannes é bem bonitinha. Um monte de hotéis brancos e grandes, lindas praias, vedetes, iates, festas suntuosas, um cassino e pessoas que falam inglês. Todo mundo em Cannes é muito ocupado. Os produtores estão ocupados atrás de coisas para produzir. Os diretores estão ocupados atrás de coisas para dirigir. Os compradores estão ocupados atrás de vendedores. Os vendedores estão ocupados atrás de compradores. E os garçons estão ocupados em não anotar os seus pedidos. A melhor maneira de conhecer pessoas em Cannes é se sentar no bar no Carleton Terrace e pedir um drinque. Algumas horas depois, o garçom lhe trará o martíni de outra pessoa. Erga a taça de martíni de maneira espalhafatosa e comece a olhar à sua volta. A algumas mesas de distância, alguém estará segurando, incrédulo, sua Perrier com limão, e então você tem aí uma excelente oportunidade de fazer um novo amigo e/ou negócio.

Cerca de duzentos filmes são exibidos por dia em Cannes. Eu assisti a dois e meio. É muito caro ir à França, e eu posso ir ao cinema em Nova York. Além disso, você sabe o que dizem sobre os cinemas — no escuro, todos são iguais.

Paris

Paris é uma beleza. Como tal, ela possui todas as qualidades que se encontram em qualquer outra beleza: elegância, sensualidade, grandeza, arrogância e a incapacidade e a recusa absolutas em dar ouvidos à razão. Então, se você for para lá, é bom que tenha sempre isto em mente: não importa o quanto você seja educado ou objetivo quando fizer uma pergunta a um parisiense, ele fará questão de lhe responder em francês.

Ciência

Banco de unhas: Muito mais que um lugar caça-níqueis

Durante um almoço recente com um membro praticante da classe ociosa, o tema do cuidado com as unhas acabou se manifestando (como costuma acontecer). Minha acompanhante me repreendeu pelo que ela julgava ser uma condição desastrosa das minhas unhas e sugeriu, de forma profundamente enfática, que eu a acompanhasse até o estabelecimento muitíssimo badalado que era responsável pelas condições impecáveis das suas. Após descobrir o custo daquela expedição, retorci meu lábio superior de maneira simpática, porém assertiva, e recusei seu convite sem maiores arrependimentos. Entretanto, indefesa aos apelos da minha mente sempre inquisitiva, me senti na obrigação de perguntar o que exatamente poderia ser feito numa unha para custar tão caro. "Ora", respondeu minha amiga, "eles dão forma, cobertura, polimento e, se for necessário, fazem um transplante." "Um transplante?", repeti. "Como assim, um transplante?"

"Bom, se eu quebrar uma unha e tiver o pedaço quebrado comigo, eles o colocam de volta. Mas, se eu não tiver, eles usam a unha de outra pessoa do seu banco de unhas." "Banco de unhas?", repeti de novo.

"Sim", ela disse, e começou a se aprofundar na explicação, mas devo confessar que eu não estava mais escutando, já mergulhada nas minhas próprias elucubrações imaginativas. Saí daquela mesa em choque e lembro de muito pouco das horas seguintes, pois minha mente ficou repassando uma sequência de visões muito nítidas desse banco de unhas. Enfim consegui processar direito a coisa toda e é assim que ela funciona:

Todo ano é feita uma campanha de doação de unhas. Manicures se voluntariam para trabalhar em lugares como pensionatos, academias, secretariados e lojas da Henri Bendel. As doadoras entram em salas adaptadas para esse fim, deitam-se numa chaise longue dobrável de Ultrasuede e estendem as mãos. A manicure voluntária corta com cuidado três unhas de cada mão (mais seria perigoso; menos, não seria caridade) e, depois, oferece uma taça de gelatina Knox para que a doadora recupere suas forças. As unhas são, então, acondicionadas em embalagens esterilizadas e levadas até o banco de unhas. Lá, são separadas de acordo com os seguintes critérios:

Tipo O — Oval
Tipo A — Angulosa
Tipo B — Bem curva
Rh negativo — Roída até a hipoderme, nem pensar

Quando uma vítima de unha quebrada é levada até o salão, uma equipe de manicures dedicadas procura um modelo compatível com a paciente e executa o transplante com enorme esmero. Por outro lado, momentos de escassez são frequentes, e não é incomum que uma vítima precise esperar dias por uma unha compatível. Naturalmente, medidas já foram tomadas para contornar essa situação. Durante a campanha anual de doações, voluntárias passam um pente-fino na cidade num esforço para convencer garotas egoístas demais para doar em vida que o façam em sua morte. Essas garotas carregam consigo um cartão de identificação que, ao morrer, instrui as autoridades a cortarem suas unhas para que outra garota desfrute da bênção de tornar mais compridas as suas. Quando uma dessas garotas sofre um acidente fatal que por milagre deixa suas unhas intactas, rapidamente uma manicure é conduzida até o local e o procedimento é realizado com celeridade e dignidade.

Agora, às vezes acontece de duas garotas estarem precisando do mesmo tipo de unha, mas ter apenas uma disponível. Em casos assim, a unha vai, merecidamente, para aquela que der a melhor gorjeta, embora por vezes as duas acabem se equiparando nesse departamento. Quando isso acontece, as garotas são levadas perante um corpo jurídico formalmente conhecido como Júri da Lixa. O Júri da Lixa é composto de quatro especialistas da área: uma cabeleireira, um maître, um porteiro e Outra Mulher. Os membros do júri fazem as seguintes perguntas pertinentes às garotas:

1. Onde você vai esta noite?
2. Com quem?
3. Vestindo o quê?

As garotas são, então, convidadas a se retirar da sala enquanto os juízes deliberam. Normalmente se chega a uma decisão com base nas respostas às perguntas do júri, embora, de tempos em tempos, aconteça um impasse. Em tais circunstâncias, as garotas ainda têm mais um recurso, já que podem recorrer à Corte de Apelações, que é presidida por um fotógrafo temperamental e um editor de moda autoritário. A Corte de Apelações é uma instituição mais visual do que verbal, e julgamentos favoráveis são emitidos única e exclusivamente com base no polimento das unhas. As decisões da Corte de Apelações são definitivas. Recentemente, entretanto, descobriu-se que os juízes decidiram contra uma garota que morava em Beekman Place em favor de uma moradora da região próxima à rua 70 no Upper West Side. Os juízes ficaram compreensivelmente aliviados quando essa decisão foi revogada, uma vez que eles, também, acreditam naquele velho e sábio ditado: Endereço traz felicidade.

Relógios digitais e calculadoras de bolso: Inimigos da juventude

Eu fui em certo sentido uma jovem um tanto precoce. Desde o começo tive um olhar cheio de significados e fui indiscutivelmente a primeira criança da minha rua a utilizar a palavra *indisposto* numa frase. Minha juventude, entretanto, não foi exatamente o mar de rosas que talvez se possa intuir a partir das afirmações anteriores. Meus assobios eram bem mais ou menos e eu sou incapaz, até hoje, de adotar uma postura minimamente simpática em relação a um hamster. Porém, tanto no passado quanto agora, sempre fui capaz de lidar com os temas de maior grandeza — o que me derrubava, e continua derrubando, são as pequenas coisas.

Só fui aprender a ver as horas quando tinha nove anos. Essa é uma idade bastante avançada para dominar essa técnica, exceto, talvez, no sul da Califórnia.

Meus pais ficaram compreensivelmente incomodados com a minha inaptidão em ver as horas, uma vez que foram capazes de prever que uma criança que respondia com tanta verve e mordacidade precisaria, algum dia, contratar um advogado — que cobraria por hora. Mais do que isso, sua infinita sabedoria lhes dizia que seria muitíssimo improvável que a conta chegasse dizendo o seguinte: "Consulta para contrato com agente, 150 dólares. Uma hora e meia. Do ponteiro grande no doze e do pequeno no três até o ponteiro pequeno no quatro e o ponteiro grande no seis".

A preocupação com o meu bem-estar futuro os levou a fazerem esforços frenéticos na tentativa de implantar em mim o conhecimento que teimava, dolorosamente, em me escapar. Noite após noite eu me sentava à mesa da cozinha e ficava examinando uma quantidade perturbadora de relógios feitos com biscoitos de aveia, tampas de potes de manteiga de amendoim e círculos pintados com giz de cera em papel colorido. Eles se revezavam — primeiro um falava, depois o outro — para me ensinar sobre o relógio. Eles eram diligentes, pacientes e gentis, e eu balançava a cabeça e demonstrava prestar atenção, ao mesmo tempo que espumava de fúria pela injustiça de um mundo em que não existia o Natal, mas sim o Tempo. Conforme os dias iam passando e minha ignorância persistia, meus pais começaram a flertar com a ideia de me explorar financeiramente como uma atração em festas ou, pelo menos, me trocar por uma criança que não conseguisse aprender outra coisa — pois estavam ficando sem opções de objetos redondos e achatados.

Uma intervenção externa surgiu quando minha tia ofereceu ajuda, propondo que eu passasse com ela a minha semana de férias de inverno. Fui despachada na mesma hora para Poughkeepsie, onde eu alternava entre ser subornada com vitaminas de banana e torturada por relógios feitos com pratos de papel, almofadas redondas e frigideiras viradas de cabeça para baixo. No fim daquela semana, algo que um dia havia sido uma criança foi devolvido aos meus pais — mais incapaz de ver as horas que nunca e, agora, com um vício recém-adquirido em vitamina de banana numa casa que tachava de frívolo todo o conceito de batidas.

Uns meses depois eu tomava um banho quando, de repente, gritei "Eureca!" e, enfim, conceitos como vinte para as oito e meio-dia e dez começaram a fazer sentido.

Que fique bem claro para todos que jamais, sob hipótese alguma, considerarei ceder à necessidade de um conhecimento que me foi tão custoso adquirir. O fato de que existe o perigo real de tal possibilidade se deve de todo à invenção do relógio digital. Passei os melhores anos da minha vida aprendendo a ver as horas, e não vou parar de fazer isso justo agora. E você também não deveria. Eis o porquê:

1. Relógios normais mostram o horário real. Um horário real é sete e meia.
2. Relógios digitais mostram o horário falso. Um horário falso é nove e dezessete.
3. Nove e dezessete é um horário falso porque as únicas pessoas que sabem que são nove e dezessete são os homens que pilotam os trens do metrô.
4. Eu não sou um homem que pilota um trem do metrô.
5. Você não é um homem que pilota um trem do metrô.
6. Sou capaz de afirmar isso sem sequer olhar para você porque qualquer pessoa que precisa saber que são nove e dezessete não pode nem mesmo correr o risco de desviar o olhar.
7. Mostradores de relógios reais têm o formato de mostradores de relógio porque precisam acomodar todas as coisas que compõem um relógio real, como números, ponteiros e aqueles tracinhos dos minutos.
8. Mostradores de relógios digitais têm o formato de mostradores de relógio sem nenhum motivo aparente. Não há como isso não ter um efeito perturbador na juventude.

Agora que tudo já foi esclarecido no quesito Tempo, gostaria de chamar, rapidamente, a sua atenção para outra invenção inaceitável:

Calculadoras de bolso: Demorei três anos
para aprender a resolver uma divisão longa e
as crianças de hoje também deveriam

1. O rigor no ensino da divisão longa tem sido uma parte tradicional da infância, bem como aprender a fumar. Na verdade, na minha opinião, as duas coisas andam lado a lado. Uma criança que não consegue resolver sozinha uma divisão longa não merece fumar. Eu sou uma garota muito legal e gosto muito de crianças, mas também tenho os meus limites. Nunca ensinei uma criança a fumar sem antes ela pegar um pedaço de papel e um lápis e me provar que é capaz de dividir de forma correta 163 por doze.

2. Calculadoras de bolso não são baratas e, de modo geral, seria melhor que os pais gastassem esse dinheiro com eles mesmos. Se eles *fazem questão* de desperdiçar dinheiro com sua prole, é bom ter sempre em mente que um maço de cigarros raramente custa mais do que 75 centavos.

3. Não é normal para *ninguém*, muito menos para uma *criança*, ser capaz, em qualquer circunstância, de dividir 17,3 por 945,8.

4. Calculadoras de bolso incentivam as crianças a achar que elas têm resposta para tudo. Se essa crença se disseminar, é bem possível que elas acabem mesmo dominando o mundo, o que resultaria, sem dúvida, em móveis muito pequenos.

Últimas palavras

De minha parte, não sou mãe. Porém tenho dois afilhados e estou esperando um terceiro. Naturalmente, me preocupo com o seu futuro. Se eu mandasse no mundo, pode apostar seus sapatos que nenhum deles jamais poria os olhos em engenhocas como relógios digitais e calculadoras de bolso. Mas, infelizmente, eu não mando no mundo e temo que meu destino seja este — o de ser para sempre madrinha, e nunca Deus.

Telefone para voz fraca:
Dando uma força para os chatos

O cidadão comum reage à chegada de sua conta telefônica com uma simples bufada de insatisfação, porém eu noto que meu desprazer vem com frequência modulado por uma pitada de expectativa. Isso porque, por mais desagradável que seja receber a comprovação impressa de que estou de fato desperdiçando os últimos suspiros da minha juventude em conversas improdutivas e caras, ainda assim não dá para negar que eu realmente amo uma boa e longa leitura. E que sorte a minha, pois as contas telefônicas que recebo não são do tipo que você dá só uma rápida olhadinha — são daquelas que você precisa folhear.

Recentemente, quando estava examinando um desses documentos, minha atenção foi logo capturada por dois detalhes bastante chocantes. Primeiro, embora eu tenha passado a maior parte do mês fora de casa, minha conta estava muito extensa, cheia de ligações para alguns dos lugares mais caros do país. Refleti sobre a questão e concluí que essa irregularidade poderia ser explicada com facilidade se eu estivesse disposta a aceitar a possibilidade de um viciado em heroína com ótimos contatos na indústria cinematográfica ter invadido de forma sistemática meu apartamento e telefonado para Beverly Hills. Acatei, sem ressalvas, essa possibilidade. A segunda coisa que me chamou a atenção foi um item que apareceu no verso da página 8, onde eu descobri uma lista de aparelhos telefônicos especiais disponíveis para os usuários mais exigentes:

1. Gôndola
2. Tijolinho
3. Som de sino
4. Toque de campainha
5. Telefone com controle de volume
6. Telefone para voz fraca

Flertei brevemente com o telefone com som de sino e nutri uma paixãozinha pelo aparelho com toque de campainha, mas quem conquistou meu coração foi o telefone para voz fraca.

Considerei por um instante a possibilidade de o telefone para voz fraca ter sido projetado para quem sofreu um acidente infeliz na garganta, mas rapidamente abandonei a ideia de que a companhia telefônica pudesse ser capaz de tamanho realismo. Fiquei imaginando alguma teoria mais provável e acabei chegando ao seguinte resultado:

O telefone para voz fraca é voltado para a massa enfadonha — aqueles que não possuem grandes habilidades no departamento da conversa. O aparelho pega os comentários monótonos dos chatos e os transforma em ponderações agradáveis. Não há a menor dúvida de que essa invenção já era esperada há muito tempo. Ao mesmo tempo, é bastante improvável que a sua utilidade seja reconhecida justamente por aqueles que mais precisam. Portanto, é muito provável que os telefones para voz fraca sejam, em sua maioria, comprados para dar de presente. E, talvez, nisso resida uma certa justiça; sem sombra de dúvida é o ouvinte quem gozará dos maiores benefícios. Mesmo porque é impossível não imaginar que, caso a pessoa que está falando estivesse tão ciente de sua profunda chatice quanto quem a escuta, ela pararia imediatamente de falar e passaria a se concentrar apenas em sua aparência.

Como acredito muito que a variedade é o tempero da vida, elaborei carinhosamente um catálogo detalhando uma ampla gama de modelos que podem ser escolhidos:

O Oscar Wilde

Produz uma fala inteiramente epigramática... Você não enganará ninguém, porém será muito popular em determinadas regiões do país... Em outras, você será preso... Um grande favorito entre os adultos permissivos... disponível apenas na cor amarela.

O Dorothy Parker

A alegria dos amantes do sarcasmo... particularmente eficiente para tecer comentários cômicos sobre suicídio... Compre agora e receba inteiramente grátis uma linda mesa redonda.

O Gore Vidal

Um pouco mais caro, mas você será recompensado por horas de diversão... Já vem equipado com um autotransformador... acaba de uma vez por todas com a necessidade de ter dois telefones... perfeito para Ele *e* para Ela.

O Evelyn Waugh

Surpreenda e encante o seu amor... o suprassumo do menosprezo.... Ideal para quem gosta de conversas incisivas.

O Alexander Pope

Sucesso garantido entre os admiradores de dísticos heroicos... particularmente divertido para assuntos relativos a cabelo.

A principal causa da heterossexualidade entre homens em áreas urbanas: Mais uma teoria maluca

A queixa que mais se escuta entre as mulheres heterossexuais de Nova York diz respeito à escassez de homens heterossexuais. Caso você escute uma reclamação como essa, o conselho que lhe dou é o de encaminhar a queixosa para um bar no SoHo. Uma vez lá, ela se verá cercada por tamanha profusão de cavalheiros que isso a fará se questionar quem está comprando todas aquelas camisas de flanela xadrez. Talvez ela se pergunte por que aquela região específica da cidade está tão densamente populada por homens jovens para os quais o nome Ronald Firbank não significa nada? Para essa indagação existe apenas uma resposta — a heterossexualidade masculina em áreas urbanas é causada principalmente pelo excesso de artistas vivendo numa mesma comunidade. Esse é um fato científico. Eis como sabemos disso.

Cientistas observaram durante um extenso período o comportamento de um grupo de vinte ratos vivendo num apartamento com o pé-direito alto e lareiras funcionais. Todos os vinte ratos eram artistas. Todos os vintes ratos eram, como é esperado nesses casos, homossexuais. Cinco deles foram escolhidos aleatoriamente e levados, dentro de uma mochila, até West Broadway, onde se mudaram para um loft. A eles se juntaram outros 95 ratos, que também eram artistas homossexuais e que também foram escolhidos aleatoriamente de outros de seus habitats naturais, como edifícios que possuem porteiros e prédios históricos reformados. Quando estavam em seus ambientes adequados, nenhum dos cem ratos demonstrou qualquer inclinação para um comportamento sexual atípico. No entanto, uma vez que tiveram de encarar a vida num bairro com tantas galerias de arte e tão poucos restaurantes decentes, um padrão alarmante começou a se manifestar. Primeiro eles pararam de pintar e começaram a elaborar conceitos. Em seguida, passaram a consumir uma dieta baseada em uvas-passas e vinho tinto — os mais baratos e robustos possíveis. Por fim, muitos demonstraram uma forte tendência a lecionar duas vezes por semana na Escola de Artes Visuais. Quando isso aconteceu, eles já estavam muito além do ponto de retorno e começavam a buscar a companhia de ratas que haviam estudado em Bennington no final dos anos sessenta.

Os cientistas, compreensivelmente horrorizados com os resultados de sua intromissão na ordem natural das coisas, tentaram conter a maré de heterossexualidade apelando para a maior fraqueza dos ratos. Eles selecionaram um grupo que continha quem antes havia sido um dos membros mais inveterados da cena sadomasoquista. Eles os levaram até as docas do rio Hudson. Lá, tentaram reacender o fogo do passado jogando nas águas turvas do rio alguns de seus itens mais estimados antes da mudança para o SoHo. Primeiro, eles ficaram segurando um boné de couro preto com decorações metálicas, depois o deixaram cair no rio. Os ratos responderam agitando os rabos, porém permaneceram parados. Em seguida, tentaram o mesmo com um par de coturnos surrados, decorados com espinhos ameaçadores. Nenhuma reação. Por fim, os cientistas jogaram no rio um chicote de couro comprido e sinuoso. Eles ficaram aliviados quando vários ratos correram até a beirada do cais. O instinto, entretanto, havia sido subjugado pelo condicionamento, e eles testemunharam, com o coração pesado e o olhar derrotado, os ratos abdicando daquele chicote enquanto ele submergia.

Por que adoro dormir

Adoro dormir porque é, ao mesmo tempo, prazeroso e seguro. Prazeroso porque você está na melhor companhia possível, e seguro porque dormir é a maior proteção que existe contra a selvageria que é a consequência inevitável de estar acordado. O que você não sabe não pode te ferir. Dormir é morrer sem a parte da responsabilidade.

O perigo, claro, é que dormir aparentemente vicia. Muitos percebem que são incapazes de ficar sem dormir e fazem coisas realmente extraordinárias para garantir um soninho. Sabemos que esse tipo de gente costuma negligenciar sua casa e sua família e, até mesmo, os prazos de seus editores numa busca alucinada pelo seu objetivo. Devo confessar que eu, também, sou uma praticante do sono e, até pouco tempo atrás, me sentia profundamente culpada por isso. Mas então refleti sobre o assunto com maior cuidado, e o que concluí não apenas aliviou minha culpa como também me deixou orgulhosa por estar entre os fatigados.

Quero compartilhar minhas descobertas para que outros também possam se sentir livres para deitarem a cabeça outrora erguida. Elaborei, portanto, um programa de estudos para fazer despertar o orgulho naqueles que dormem.

Programa de estudos do sono de Fran Lebowitz

Dormir é um traço genético, não adquirido. Se os seus pais eram praticantes do sono, existe uma boa chance de que você também o seja. Isso não é motivo para se desesperar, e sim para se orgulhar de uma herança que você compartilha não apenas com a sua família, mas também com algumas figuras históricas muito conhecidas. A lista a seguir é um bom indicativo da diversidade que é encontrada entre os praticantes do sono:

Algumas figuras históricas muito conhecidas
que eram praticantes do sono

Dwight D. Eisenhower

Apesar de muitos lembrarem de Ike (como ele era carinhosamente chamado por uma nação que o amava) pelo seu golfe, restam poucas dúvidas de que ele foi um praticante do sono desde criança, uma característica que, inquestionavelmente, levou consigo para dentro da Casa Branca. Para falar a verdade, Ike era tão comprometido com o ato de dormir que era quase impossível dizer quando ele estava acordado ou dormindo.

William Shakespeare

Conhecido como o Bardo entre seus colegas do mundo das palavras, Shakespeare foi, sem dúvida, um dos praticantes do sono mais inspirados e prolíficos da literatura. Uma prova disso existe na forma de uma cama encontrada na casa em que ele residiu em Stratford-upon-Avon. Outras referências ao ato de dormir foram encontradas em suas obras e, embora exista alguma dúvida sobre se ele de fato tirou todas as suas sonecas (o debate acadêmico está centrado na possibilidade de algumas terem sido tiradas por Sir Francis Bacon), podemos assegurar com bastante tranquilidade que William Shakespeare realmente foi um praticante do sono digno de nota.

e. e. cummings

Sabe-se que as evidências de que e. e. cummings era um praticante do sono são muito escassas. Sendo assim, costuma ser aceita a ideia de que, talvez, ele fosse mais um tirador de cochilos.

Já que tantas figuras históricas famosas eram praticantes do sono, espera-se no mínimo que seus feitos tenham sido de igual importância. Eis aqui uma lista parcial deles:

Algumas contribuições dos praticantes do sono ao mundo

Arquitetura
Linguagem
Ciência
A roda
O fogo

Caso encerrado.

Tempo bom e sua mania de frequentar os melhores bairros

No passado já se acreditou que o clima era determinado por uma grande variedade de deuses, cada um responsável por um tipo de fenômeno meteorológico. Depois disso vieram as grandes religiões, e a maioria das pessoas passou a cultivar uma crença mais velada que sugeria a existência de um único deus com muitas obrigações. Muitos ainda mantêm essa posição, embora agora a maioria acredite numa teoria do clima baseada principalmente na formação das nuvens, na pressão atmosférica, na velocidade do vento e em outros critérios científicos. Por último, existem aqueles que acreditam que o clima e seus fenômenos estão inteiramente sob a responsabilidade de apresentadores de televisão com vozes agradáveis e enormes canetas pilot. Assim, nos vemos diante de três hipóteses no que diz respeito ao fator que controla o clima:

A. Deus
B. A Natureza
C. O Tom de Voz

Para um observador casual, pode parecer que essas três teorias são altamente discrepantes. Esse, claro, é o problema dos observadores casuais. A sua própria casualidade — uma característica que todos, algum dia, já consideramos tão atraente... tão encantadora... tão impulsiva — é exatamente o que faz com que eles julguem de forma tão apressada e, portanto, quase sempre equivocada. Um observador mais atento conseguiria detectar de forma irrefutável uma semelhança espantosa. Essa semelhança é o fato de que essas três teorias estão baseadas, pura e simplesmente, no conceito do arbítrio — Deus pode mudar de ideia, a natureza pode mudar seu curso, e a voz, como todos sabemos muito bem, pode mudar seu tom.

Dessa forma, levando tudo em consideração, chegamos à conclusão de que o mundo acha o clima um tanto quanto (se não de todo) intempestivo — dado a jogar chuva e neve e frio e calor para tudo quanto é lado com uma inconstância escandalosamente caprichosa, se não completamente ridícula, para alguém tão maduro. Bom, o mundo pode pensar o que ele bem entender, porém, de minha parte, não quero compactuar com uma lógica tão furada e, portanto, formulei o que acredito ser uma teoria mais aceitável.

"Por que", perguntei a mim mesma, "o clima seria diferente de você ou de mim — nós não somos todos uma coisa só?" Ao me deparar com uma questão de clareza tão desconcertante, me vi obrigada a responder: "Não tem motivo para isso, Fran, de forma alguma". "Bem, então, nesse caso", eu continuei, "se o clima não é diferente de você ou de mim, fica claro que ele deve ser igual a você e a mim e, nesse caso, aquilo que *nos* controla também deve controlá-*lo*." "Não tem como discordar disso", respondi, percebendo naquele instante que estava na presença de uma verdadeira mestra. "E o que você acha", aprofundei a investigação, "que é essa coisa que controla? Simples... O dinheiro. Isso mesmo, o dinheiro." "Quando você tem razão, você tem razão", foi a resposta cordial e, com ela, minha companhia e eu saímos andando alegremente de mãos dadas por aí — um gesto que, embora tenha nos conferido um certo ar de manhã de setembro, não era nem de longe feio.

Embora alguns possam achar esse argumento um tanto capcioso, lhes ofereço a lista abaixo como prova definitiva e absoluta de que é o dinheiro — e apenas ele — que influencia o clima.

1. No dia 13 de agosto de 1975, às três da tarde, a temperatura no cruzamento da rua 14 com a Oitava Avenida era de 35ºC — com uma umidade de 85%. Exatamente no mesmo dia e na mesma hora, a temperatura no cruzamento da rua 73 com a Quinta Avenida era de agradáveis 22ºC — com uma confortável umidade de 40%. Eu sei porque estava lá.

2. A única ocorrência documentada de chuva em Sutton Place aconteceu quando uma cena de um filme de alto orçamento estava sendo rodada na região, e o roteiro pedia uma tempestade inclemente. No momento em que o poderoso diretor de Hollywood gritou "Corta!", a chuva parou.

3. O motivo pelo qual o prefeito John Lindsay não enviou veículos removedores de gelo para o Queens nesta última tempestade de neve amplamente noticiada foi porque ele mora em Gracie Square, onde, no dia em questão, estava deitado em sua varanda tomando sol.

4. Muita gente acredita que, no verão, os ricos de Nova York vão para Southampton porque o clima lá é mais fresco. Isso não é verdade. O que de fato acontece é que no verão o clima mais fresco sai de Nova York e vai para Southampton porque não quer ficar numa cidade cheia de escritores mal pagos.

5. Falando de modo geral, o clima é melhor no East Side do que no West Side. Levando tudo em consideração, o clima acabou achando esse arranjo bastante satisfatório, exceto pela questão dos prédios melhores que ficam em Central Park West. Esse problema foi resolvido por meio de uma troca com certos prédios na região de East Seventies

que são, em sua maioria, ocupados por aeromoças sem dinheiro para o aluguel e proprietários de lojas de artigos de couro. É por isso que o San Remo e o Dakota têm um clima apropriado à sua arquitetura, e as aeromoças e os proprietários de lojas de artigos de couro talvez sejam, entre todos, aqueles que entendem melhor o significado da expressão "quem está na chuva é para se molhar".

Plantas: A raiz de todo o mal

A Segunda Edição Completa do Dicionário Webster — um fascículo cuja reputação não é das mais desprezíveis — oferece o seguinte como segunda definição para a palavra *planta*: "qualquer coisa viva que não é capaz de se mover por vontade própria, não possui órgãos dos sentidos e costuma fazer sua própria comida...". Escolhi essa segunda definição no lugar da primeira porque ela atende melhor ao meu objetivo, que é o de provar de uma vez por todas que, exceto em situações extremamente raras, uma planta não é o tipo de coisa que você deveria ter na sua casa. Para fazer isso de maneira organizada, resolvi analisar individualmente cada aspecto da supracitada definição. Comecemos pelo começo:

Qualquer coisa viva

As pessoas, ao escolher os móveis para sua casa, procuram adquirir itens que lhes proporcionarão o máximo em termos de beleza, conforto e utilidade. No quesito beleza, invariavelmente preferem coisas como ilustrações de Jean Cocteau, vasos Ming e tapetes Aubusson. O conforto, lógico, já está garantido pela mera possibilidade de possuir esses objetos. Utilidade é algo que é melhor ser deixado para quem entende do assunto.

A esta altura já deve ter ficado claro que em nenhum momento Qualquer Coisa Viva entra nessa equação, exceto em um tempo passado. Em outras palavras, é perfeitamente aceitável se cercar de objetos feitos de coisas que, quando vivas, podem ter sido Qualquer Coisa Viva, mas que justamente na morte conquistaram sua dignidade, transformando-se em lindos lençóis de seda branca.

Que não é capaz de se mover por vontade própria

Aqui você se depara com o problema que surge quando Qualquer Coisa Viva assume a forma de outra pessoa. Outra pessoa é apenas alguém que não seja você. Coisas vivas dessa natureza sem dúvida são úteis tanto no interior quanto na cidade grande, pois costumam se revelar propensas a escrever, a beijar e a conversar de maneira divertida. Cabe observar, contudo, que mover-se por vontade própria é um ponto fundamental para executar com sucesso essas funções; a necessidade de ter de comandá-las acabaria com todo o seu encanto.

Já apresentei uma ponderação de que as plantas seriam aceitáveis em situações extremamente raras. Esse tipo de situação acontece quando alguém recebe algum objeto folhoso como demonstração de afeto de outra pessoa que lhe prestou um serviço valioso. A recusa de uma planta ofertada nesses termos com quase toda certeza resultará no encerramento dessa relação. Portanto, embora a decisão sobre quem merece carregar o fardo da lembrança ruim seja, naturalmente, uma questão da consciência de cada um, vale sempre lembrar que palavras não significam nada e um beijo é só um beijo, mas manuscritos não se escrevem sozinhos.

Não possui órgãos dos sentidos

É preciso ter em mente que, embora a falta de órgãos dos sentidos garanta, com bastante segurança, que não haverá olhares cheios de significado, bufadas de desdém ou gostos duvidosos, infelizmente também garante a impossibilidade de um bom ouvinte.

É costuma fazer sua própria comida

Acredito que exista uma pontinha de arrogância nessa afirmação. Ah, então você costuma fazer sua própria comida? Eu não costumo fazer a minha própria comida, mas também não fico me desculpando por isso. A cidade de Nova York possui uma quantidade razoável de restaurantes de todos os tipos, e não consigo não pensar que eles devem estar aí por algum motivo. Mais que isso, é difícil defender o conceito de uma culinária baseada inteiramente na fotossíntese. Portanto, como ainda não detectei o aroma de um fettuccine Alfredo emanando de uma samambaia, não considero que "costuma fazer sua própria comida" seja uma característica digna de qualquer nota. Quando você encontrar uma que "costuma fazer seu próprio dinheiro", aí você me liga.

Marte: Vivendo com simplicidade

Não muito tempo atrás, os Estados Unidos foram bem-sucedidos na tentativa de pousar uma espaçonave não tripulada em Marte, com o objetivo principal de se certificar se existe ou não alguém vivendo por lá. Os resultados ainda não foram todos divulgados, mas temo que exista pouca dúvida de que a resposta será afirmativa. Não faz sentido supor que só a Terra é afligida pelo fenômeno da vida.

Já houve muita especulação sobre a aparência pessoal desses forasteiros e muita discussão sobre a possibilidade de que tais formas de vida possam ser de um aspecto tão exótico que nós seríamos incapazes de reconhecê-las. Conceito instigante, de fato, mas infelizmente, como todos os conceitos instigantes, esse possui em suas bases anseios bastante primitivos. Como terráquea que já viu, se não tudo, pelo menos tudo que queria ter visto, não consigo não pensar naquela verdade incontornável que diz: se você vai atrás de encrenca, é bem provável que encontre.

Sob a impressão de que a vida se manifesta apenas no plano físico, o público em geral — um grupo consistentemente anódino — possui uma tendência a se limitar a imaginar braços, narizes e tamanhos de pescoços, criando, assim, imagens de seres que diferem de um Zé-Ninguém qualquer apenas no detalhe. Cientistas — um grupo que, no quesito estilo e animação, faz o público em geral se assemelhar ao Grupo de Bloomsbury — parecem se concentrar mais em micróbios, gases e substâncias em estado líquido.

Elucubrações sobre um corpo físico são totalmente supérfluas. É lógico que existe vida em Marte, e é claro que iremos reconhecê-la, se não por sua forma, decerto pela função, que, sem sombra de dúvidas, compartilhará com o nosso modelo particular de existência: a predisposição para incomodar.

Para sermos capazes de identificar *o que está vivo* precisamos, primeiro, responder à pergunta potencialmente mais ampla *o que é a vida*. Nesse ponto, costumamos descobrir que outros já pensaram nisso e nos ofereceram uma boa quantidade de respostas. Examinamos cada resposta de forma individual, porém, invariavelmente, ficamos decepcionados. Uma tigela de cerejas? Muito conveniente. Um cabaré? Não neste bairro. Real? Dificilmente. Sincera? Por favor.

Utilizando esse minucioso método de análise cuidadosa e possível rejeição, chegamos a uma conclusão: a vida é algo que você precisa fazer quando não consegue dormir. Portanto, o que chamamos de civilização nada mais é do que um acúmulo de destroços de um número espantoso de noites de insônia.

Não há motivos para acreditar que os marcianos sejam menos ansiosos do que nós (na verdade, é bem provável que sejam mais — acrescentando à sua insônia os problemas de morar tão longe) e, portanto, sem dúvida serão uma turma bastante desagradável.

Vamos supor, para fins deste argumento, que os marcianos sejam micróbios. Micróbios são inquestionavelmente muito baixinhos, o que significa que jogar basquete ou ser modelo está definitivamente fora de questão. Sua deficiência em altura é uma característica que vale a pena ser mencionada, por ser muitíssimo desconcertante a ideia de um planeta inteiro incapaz de alcançar as prateleiras mais altas. Para entender melhor esses seres, talvez devamos conduzir um estudo aprofundado de Marte como um todo.

Mars

A versão de que Marte foi batizado em homenagem ao deus romano da guerra é a mais aceita. Isso não é verdade. A verdade guardada a sete chaves é que o planeta foi descoberto por um cavalheiro romano com inclinações artísticas que tentou usar a sua descoberta para obter vantagens românticas. O romano, de olho num atraente porém escorregadio camarada sueco, apelou para o galanteio. Uma enorme pressão política foi feita e, no fim das contas, ele acabou cedendo ao fato de que o Império Romano não tinha a intenção de permitir que qualquer planeta se chamasse Lars. Como você pode ver, um meio-termo foi encontrado.

O território e seus recursos

Marte é o terceiro menor planeta e, portanto, interessa apenas aos colecionadores. Tem um terreno rochoso e estéril, sem nenhuma vista para o mar — uma característica que faz dele uma das poucas praias que caberiam no bolso desta que vos escreve. É quase impossível conseguir um táxi por lá, e aconselha-se aos visitantes que nem tentem.

Os recursos naturais se resumem a vapores alienígenas abundantes e a um grande número de pedras estranhas.

O povo e seu trabalho

O povo, como já mencionado, é composto de micróbios — uma condição que faz dele, na melhor das hipóteses, um povinho e, na pior delas, micróbios. Seu trabalho consiste principalmente em fazer com que os visitantes parem de fazer piadas sobre a sua altura.

População

Difícil de determinar a menos que você esteja disposto a olhar a situação muito de perto.

Transporte

Seu meio de transporte favorito é infectar um visitante na expectativa de que ele vá para outro lugar.

Principais produtos

Os principais produtos de Marte são ternos esportivos minúsculos feitos de poliéster e faculdades de pós-graduação em miniatura.

Limites da cidade: A nova geografia

Eu mal havia me recuperado do golpe baixo desferido pelo SoHo (*Sul* da rua *Ho*uston) quando minha sensibilidade foi atingida por um gancho de esquerda na forma do NoHo (*Norte* da rua *Ho*uston). Com a cabeça ensanguentada, mas ainda de queixo erguido, abaixei minha guarda e TriBeCa (*Tri*ângulo A*b*aixo da rua *Ca*nal) conseguiu um nocaute técnico no primeiro assalto.

Passei um longo período acamada, com tempo de sobra para refletir sobre essa questão nos mínimos detalhes. É verdade, eu pensei mesmo muito sobre esse assunto, e cheguei à conclusão de que esse batismo desvairado de zonas extremamente específicas da cidade ainda não atingiu o seu ápice. É uma situação horripilante — e sem hora para acabar — o fato de não existir o menor indicativo de que os entusiastas de trechos específicos da cidade tenham feito o seu último batismo. Está muito claro que termos vagos como Midtown não serão mais suficientes; as coisas só vão piorar e provavelmente tudo ainda vai acabar deste jeito:

NoTifSoSher

NoTifSoSher (*Norte* da *Tif*fany's, *Sul* do *Sher*ry-Netherland) é um trecho de dois quarteirões da Quinta Avenida muito frequentado por clientes de lojas, hóspedes de hotéis e transeuntes de todas as procedências. As vitrines de suas joalherias e sua via de mão única fazem desse um dos endereços mais cobiçados da cidade. Rei incontestável no trajeto dos desfiles, o NoTifSoSher é amado tanto por irlandeses quanto por veteranos de guerra. Imperdível para quem gosta de chamar táxis.

EnJelfth

Área pouco conhecida da cidade, EnJelfth é um quarteirão caprichosamente localizado na rua 4 Oeste (*En*tre a *Ja*ne e a Tw*elfth*). Verdadeiro pé no saco para os taxistas, a EnJelfth é um dos pontos de encontro favoritos de cães de todos os tamanhos. A delicatéssen que fica em sua esquina é uma verdadeira Meca para os corajosos que nunca deixam de se surpreender com seus estonteantes preços elevadíssimos.

Little Humility

Tradicional bastião da camaradagem masculina, essa região de formato excêntrico é limitada a leste pelo começo da Christopher Street e a oeste pelo rio Hudson. Embora positivamente impregnada de charme, Little Humility é muito fácil de ser encontrada, pois não desvia nem um centímetro do que se espera dela, com sua profusão de barzinhos interessantes e caminhões irresistíveis. As pessoas que frequentam essa região têm todo o direito de se referir a ela com orgulho como A Chave da Cidade.

Alimento para a alma e vice-versa

O verão tem um efeito terrível sobre anfitriãs que se deixam influenciar demais pela fotografia de Irving Penn e interpretam a chegada da estação como um sinal para servir jantares de proporções assombrosamente diminutas. Elas se referem a esse tipo de refeição como "leve", uma qualidade que, embora a maioria sem dúvida aprecie em comédias, camisetas de algodão e corações, não é a maneira adequada de preparar um jantar.

Não é de estranhar que grande parte dessas pessoas possua ligações com o mundo da moda, uma vez que faz sentido que alguém cuja ideia de um dia duro de trabalho se resuma a fazer poses para Deborah Tuberville também ache que salsinha possa ser categorizada como um prato.

Fatias finas, praticamente transparentes de limão podem, de fato, funcionar muito bem para decorar um prato, mas não devem ser contadas como um vegetal separado.

***

Sopa fria é uma coisa muito traiçoeira e raríssimos anfitriões são capazes de passar batido servindo algo assim. Muitas vezes, o convidado fica com a impressão de que se tivesse chegado um pouquinho mais cedo poderia ter pegado a sopa ainda quente.

***

Salada não é uma refeição. É um estilo.

* * *

A culinária japonesa é linda e, sem sombra de dúvida, funciona muito bem para o Japão, que é em grande parte habitado por pessoas de estatura abaixo da média. Uma anfitriã que faça questão de servir esse tipo de comida a convidados ocidentais deve ter o bom senso de complementá-la com algo mais substancial, tendo sempre em mente o fato de que praticamente todo mundo gosta de batata frita.

* * *

Vegetais são interessantes, porém lhes falta um senso de propósito quando não vêm acompanhados de um bom pedaço de carne.

* * *

Castanhas-d'água deveriam ser o ingrediente de um prato, nunca o prato em si.

* * *

Uvas verdes são muito bonitas, mas, quando se trata de sobremesa, as pessoas costumam preferir bolos com cobertura.

* * *

Violetas carameladas são as balas Juquinha dos bem-nascidos.

Existe um número considerável de restaurantes em Nova York voltados para uma clientela de solteirões. Esses estabelecimentos compartilham diversas características com as anfitriãs de verão — e vão um pouco além.

Um desses lugares é uma lanchonete reformada que parece uma coisa que Busby Berkeley teria feito se não tivesse dinheiro para fazê-la. Fica aberta 24 horas por dia — imagino que para a conveniência dos caminhoneiros famintos que encostam a pança no balcão e gritam: "Duas sopas de pepino — bem geladinhas; uma salada de endívias — com vinagrete de vinho tinto; e uma porção de aspargo fresco — sem molho *hollandaise*".

Açafrão deve ser usado com parcimônia — e olhe lá. Não importa o quanto você seja apaixonado por essa especiaria, poucos concordariam que, no quesito versatilidade, ela é equivalente ao sal.

* * *

Alguém que nasceu nos Estados Unidos e que tenha passado um dia inteiro naquilo que ele sabe ser a cidade de Nova York e que jamais tenha saído do país de avião ou navio, com quase toda certeza ficará incomodado e desorientado sempre que ler num cardápio o equivalente francês para a palavra perfeitamente adequada em inglês *grapefruit*.

* * *

Agrião fica muito saboroso numa salada ou num sanduíche, mas não passa de um estorvo quando servido como acompanhamento de um hambúrguer.

* * *

Embora seja inquestionável que as pessoas adoram uma boa surpresa, é também verdade que elas raramente gostam de se deparar, de repente e sem aviso, com uma sequência de ameixas secas no meio do que julgavam ser um simples lombinho de porco.

* * *

As pessoas cozinham e comem há milhares de anos, então se você é a primeira a pensar em espremer um limão sobre uma porção de batatas gratinadas, saiba que provavelmente existe um motivo para isso.

Os avanços tecnológicos provocaram tremendos estragos não apenas nos hábitos de leitura, mas também nos de alimentação. Hoje, a comida pode ser encontrada em formatos tão desagradáveis que com frequência as pessoas se pegam fumando entre a entrada e o prato principal com o objetivo de auxiliar a digestão.

É impossível que um pão mais confortável que um sofá não seja intragável.

***

Chocolate é um sabor excelente para sorvete, mas é ao mesmo tempo absurdo e desconcertante numa goma de mascar.

***

Cereais matinais que têm as mesmas cores de ternos de poliéster fazem do hábito de acordar mais tarde uma virtude.

***

Ao pedir leite, você deve receber leite ou a informação de que o estabelecimento em questão prefere utilizar uma mistura de óleo vegetal com algumas siglas que causam o câncer.

***

Um queijo que é obrigado por lei a acrescentar a palavra *comestível* ao seu nome não harmoniza muito bem com vinho tinto ou com frutas.

Por mais asquerosas que possam ser as comidas artificiais, você não pode negar que elas possuem certo valor quando confrontada por um entusiasta da culinária saudável. Vale ressaltar, ainda, que o apaixonado por alimentos integrais geralmente defende um número excessivo de causas políticas.

Arroz integral é pesado, excessivamente massudo e repleto de nuances religiosas desagradáveis.

* * *

Um adulto civilizado não bebe suco de maçã no jantar.

* * *

Habitantes de países subdesenvolvidos e vítimas de desastres naturais são as únicas pessoas no mundo que ficam felizes ao se depararem com grãos de soja.

* * *

Um pão que precisa ser cortado com um machado é um pão excessivamente nutritivo.

* * *

Cenouras grandes, cruas e descascadas são aceitáveis como comida apenas entre aqueles que vivem em tocas, onde aguardam ansiosamente pela Páscoa.

Comida é uma coisa tão corriqueira em nossas vidas que poucos reservam um tempo para refletir sobre ela de maneira mais profunda, tornando-se, portanto, incapazes de compreender verdadeiramente o seu impacto na sociedade.

Comida é bem-vinda tanto na hora das refeições quanto na hora do lanche. Ela vai bem com praticamente qualquer bebida e, de longe, produz os melhores sanduíches.

* * *

Comida dá um propósito real para a existência dos móveis da sala de jantar.

* * *

Comida é um excelente item para completar caixas de doações.

* * *

Comida é a desculpa perfeita para usar as louças boas.

* * *

Comida é uma parte importante de uma dieta balanceada.

* * *

Comida desempenha um papel fundamental na política internacional. Se não existisse comida, os jantares de chefes de Estado seriam substituídos por noites de bridge de chefes de Estado e, em vez de fazer greve de fome, ativistas políticos provavelmente ficariam apenas choramingando.

* * *

Um mundo sem comida teria o efeito desastroso de acabar com a iniciativa pessoal do indivíduo. Não existe lugar para a ambição numa sociedade que recusa aos seus membros a oportunidade de se tornar a última bolacha do pacote.

* * *

Sem comida, uma das questões mais intrigantes e desconcertantes da humanidade seria totalmente desprovida de sentido quando alguém se desse conta de que nem a galinha nem o ovo vieram primeiro.

* * *

Se comida não existisse, seria praticamente impossível encerrar uma conversa telefônica com certas pessoas, pois você se veria impossibilitado de dizer: "Olha, eu preciso desligar, mas vamos jantar uma hora dessas".

* * *

A comida desempenha um papel muito importante no cristianismo. O que seria do milagre dos pães e dos peixes sem ela? E a Última Ceia — para que teria servido?

* * *

Se não existisse comida, o bairro nova-iorquino Baía das Ostras seria chamado simplesmente de Baía, e Tchékhov teria escolhido para o título de sua peça *O jardim das cerejeiras* algo como *Um grupo de árvores sem folhas plantadas a uma distância regular*.

Artes

Artes

Talvez a coisa menos auspiciosa que já se disse sobre a arte é que a vida a imita. Essa afirmação seria muito mais empolgante se o ato de atestar sua veracidade não produzisse resultados tão inconsistentes. Quando refletimos sobre a questão, na mesma hora fica evidente que a vida assume seus contornos mais artísticos quando isso é o que menos desejamos dela. Na verdade, pode-se afirmar com bastante certeza de que a vida, em geral, imita o artesanato. Quem entre nós seria capaz de negar que sua jornada neste planeta se assemelha muito mais a um suporte de vaso feito de macramê do que a uma pintura de Seurat? No que diz respeito à arte, a vida costuma imitar muito mais a moldura do que o próprio quadro.

No intuito de investigar esse tema mais a fundo, reuni um grupo de colegas que pensam de forma parecida e, juntos, demos início ao longo e árduo trabalho de imitar a arte em suas manifestações mais contemporâneas.

Arte conceitual

Nos distribuímos aleatoriamente sobre um piso de madeira e fingimos ser blocos de concreto. Afixamos na parte da frente de nossas camisetas cartazes com palavras que não se relacionavam de forma linear. Não fomos compreendidos, porém fomos muito admirados. A experiência acabou se mostrando não insatisfatória.

Design gráfico

Alguns de nós se vestiram como traços grossos e arrojados; outros, como letras e números enormes, muito fáceis de ler. Todos estávamos usando cores simples, berrantes e infantis. Nos organizamos no formato de um aeroporto e adotamos um comportamento jovial e prestativo. Fomos mais populares entre quem estava vestido de forma parecida com a nossa.

Layout de revista

A maioria de nós usou os mesmos elementos do exemplo anterior, o Design Gráfico, porém em formatos consideravelmente menores. O resto se dividiu igualmente em dois grupos — um composto de ilustrações coloridas feitas com aerógrafo; o outro, de citações tiradas dos textos, apresentadas fora de contexto e em letras garrafais. Ficamos na posição que mais captaria a atenção do leitor. Ficamos agrupados no formato de uma página, mantendo distância uns dos outros através do uso inteligente de um grande número de bordas pretas. Fomos um enorme sucesso e provamos, de uma vez por todas, que você pode tirar a arte da direção de arte, mas não pode tirar a direção da arte, ou, pelo menos, não se for apontá-la nessa direção.

Design de móveis

Investigamos essa com grande profundidade e chegamos à conclusão de que ela é, ao mesmo tempo, divertida e funcional. Vestimos moldes de plástico, tecidos resistentes e muito compensado. Adotamos o formato de pufes gigantes, botes infláveis, pinturas hard-edge e cúmulos-nimbos. Isso nos lembrou muito dos nossos dias vestidos de Design Gráfico e, mais do que nunca, nos deu a sensação de que possuímos múltiplos propósitos na vida.

Arquitetura

Pensamos muito sobre vidro e outros materiais de construção leves e inovadores. Imaginamos a nós mesmos como escolas, shopping centers, prédios de escritórios, edifícios residenciais e condomínios de apartamentos de luxo. Ficamos torcendo para que ao menos algumas pessoas se imaginassem como placas de trânsito para que pudessem nos diferenciar.

Música popular

Vestimos peças de roupa brilhosas para refletir com maior precisão as esperanças e os sonhos do público em geral. Entramos em elevadores, carros, aviões, telefones e em praticamente todos os lugares que você conseguir imaginar. Exercemos uma influência irresistível sobre a cultura e inspiramos uma devoção fanática, com nossos ruídos empolgantes afetando até mesmo os entediados.

Cinema

Tomamos muito cuidado para adotar apenas as atitudes associadas aos filmes mais sérios, cientes de que a vida, de modo geral, não imita o entretenimento. Exibimos extrema sensibilidade e destreza técnica enquanto nos movíamos de maneira lírica. Exploramos os temas da violência, do desespero e da injustiça social, que nos espreitam sob a superfície lustrosa de nossa sociedade. Fomos aprazíveis e silenciosos, falando muito pouco e ficando a maior parte do tempo na nossa.

Moda

Alguns de nós se inspiraram de forma muito intensa em outros. Alguns exageraram um pouco na criatividade. Vários se sentiram bobos ao fazer o que faziam, porém, sempre tentando dar às suas escolhas um significado mais profundo. Não foi nada fácil fazer isso por causa da preponderância do poliéster, mas as pessoas nos compraram. Acreditando que éramos a expressão de sua verdadeira personalidade, o público nos abraçou com força e ainda acrescentou alguns toques pessoais.

Bijuteria do humor: Sem graça

Por ser alguém cuja preferência por estados mentais esteve desde sempre fortemente inclinada na direção do coma, tenho muito pouca paciência com toda essa mania recente de autoconsciência. Eu já sou muito consciente da maneira como sinto as coisas e, sinceramente, se me fosse dada a opção, teria preferido não ser. Qualquer um que estiver se sentindo incomodado com sua incapacidade de sentir seus próprios sentimentos é mais do que bem-vindo para sentir os meus. Não deve ser uma grande surpresa, portanto, descobrir que todo esse conceito de bijuteria do humor não é algo que me deixe lá muito empolgada. Para os sortudos que conseguiram estender sua falta de consciência para o mundo da propaganda, bijuteria do humor se refere a um tipo de joia capaz de revelar o que você está sentindo pelo uso de uma pedra sensível ao calor. Embora talvez você imagine que as pedras já tinham funções o suficiente, sendo usadas em lápides e muros e tudo o mais, parece que agora elas também assumiram a tarefa de informar às pessoas que elas estão nervosas. E embora talvez você imagine que uma pessoa que está nervosa seria mais do que capaz de ter certeza desse fato sem a ajuda de um anel horroroso, aparentemente não é o caso.

A bijuteria do humor chega até nós em formatos variados: colares, anéis, relógios e braceletes. Porém, qualquer que seja sua forma, ela vem invariavelmente adornada por uma pedra perceptiva e informativa que não apenas mostra o humor corrente de quem a usa como também indica para onde está caminhando. A pedra executa sua proeza informativa através de uma mudança de cor. A lista abaixo, que reproduzo aqui movida pelo mais profundo desgosto, foi retirada de um anúncio:

CADA MUDANÇA DE COR
REVELA O SEU EU INTERIOR!

PRETO ÔNIX... Você está trabalhando demais.

VERMELHO ÂMBAR... Você está ficando tenso, talvez um pouco ansioso.

AMARELO-TOPÁZIO... Um pouco incomodado e distraído.

VERDE-JADE... Normal, nada de estranho está acontecendo.

AZUL-ESVERDEADO TURQUESA... Você está começando a relaxar... suas emoções estão se soltando.

AZUL LÁPIS-LAZÚLI... Você está confortável... Sensação de pertencimento. Você está relaxado.... Seus sentimentos estão começando a se manifestar livremente.

AZUL SAFIRA... Você está completamente aberto... Sensação de felicidade... Você está focado nos seus desejos e em sentimentos mais profundos. Esse é o estado mental mais elevado que existe.

Podemos afirmar com segurança que uma pessoa que sente a necessidade de consultar um bracelete para se informar sobre o seu próprio estado mental é alguém intrigado por muitas questões. Portanto, em casos como esse, não se pode dizer que uma joia capaz de revelar apenas emoções seja a mais adequada — pois temos aqui alguém assombrado por perguntas muito mais complexas do que "Será que estou tenso?". É um indivíduo que precisa de *respostas* — um indivíduo que precisa poder olhar para o seu pulso pesadamente adornado e perguntar: "Eu sou alto? Sou baixo? Loiro natural? Um homem? Uma mulher? Uma árvore? Eu tenho uma casa própria? Sou capaz de aguentar uma piada? Tenho inveja do sucesso dos outros?".

Se uma bijuteria do humor se propõe a existir, certamente ela precisa se tornar muito mais específica. Com o objetivo de acelerar a realização desse acontecimento, proponho o seguinte:

GUIA DA FRAN LEBOWITZ
PARA A DESCOBERTA DE VERDADES AINDA
MAIS PROFUNDAS SOBRE SI MESMO
ATRAVÉS DA MUDANÇA DE CORES!

BEGE-AVERMELHADO... Você é um índio americano, mas é chato... você não é muito interessante nem para si mesmo, nem para os demais índios americanos.

VERMELHO MEIO BEGE... Você é uma pessoa branca, mas é chata... graças à sua escassez de qualidades interessantes, você é profundamente constrangedora... humildade não substitui uma boa personalidade.... isso não mudará.

LAVANDA... Ou você é um homossexual ou um tapetinho de banheiro que combina com o azulejo... se você preferir ser um tapetinho de banheiro, lembre-se apenas de que, caso fosse um homossexual, você poderia aparecer no *David Susskind Show.*

LISTRAS HORIZONTAIS... Você é extremamente magro e reagiu a isso de forma exagerada... este é o estado mental mais baixo que existe.

LINHAS FINAS E IRREGULARES... Você está ficando um pouco mais velho... isso provavelmente continuará acontecendo.

TERRA QUEIMADA... Você está virando um artista... possivelmente Hans Holbein, o Jovem. Este é o estado mental mais elevado que existe.

Roupas com imagens e/ou textos:
Sim — mais uma reclamação

Agora, eu não estou falando apenas das bolsas da Louis Vuitton. Ou das carteiras da Gucci. Ou das echarpes da Hermès. Estilistas e marcas que estampam seus nomes e suas iniciais em peças de roupa caríssimas e de qualidade duvidosa certamente demonstram um tremendo mau gosto, mas não quero me distrair com essas trivialidades. Estou falando de coisas muito mais importantes aqui. Camisas Art Déco com o colarinho desabotoado e estampadas com várias silhuetas medianas de veleiros. Calças jeans retratando a morte de Marilyn Monroe em tons pastel à prova d'água. Vestidos sobre os quais uma pessoa (porém, melhor duas) poderia jogar Banco Imobiliário. Macacões com animaizinhos cor-de-rosa com frases que ajudam as crianças a se lembrar da hora de escovar os dentes. Camisetas que anunciam as preferências sexuais ilegais de quem as veste. Et cetera. Et cetera.

Embora as roupas estampadas com imagens ou textos não sejam completamente uma invenção dos tempos modernos, elas são um indicador bastante negativo do estado geral das coisas. O que me refiro em particular é ao estado geral das coisas que incentiva as pessoas a se expressarem através de suas roupas. Sinceramente, falando por mim, eu não ficaria nada chateada se a maioria das pessoas resolvesse se expressar marchando em massa para o fundo de um enorme corpo de água, mas, como isso não é possível, eu gostaria que elas ao menos parassem de tentar se manifestar através de palavras numa jaqueta. Quer dizer, sejamos realistas. Se as pessoas não querem escutar o que *você* diz, por que você acha que vão querer escutar seu moletom?

Existem dois motivos principais para usarmos roupas. Primeiro, para esconder os defeitos em nossos corpos — uma pessoa normal possui, no mínimo, dezessete defeitos. E, segundo, para ficar bonito, uma coisa que é pelo menos algo positivo. Se tem gente que acha que cores simples, belas e sólidas são meio sem graça, elas podem dar uma incrementada acrescentando listras, padrões em xadrez ou — se for verão e elas forem meninas — bolinhas. E para aqueles que estão achando tudo isso muito restritivo, me respondam o seguinte: se Deus quisesse que as pessoas saíssem por aí usando casacos com fotos de sundaes de caramelo, por que é que *ele* usaria camisas tão discretas?

Cores: Traçando limites

É lógico que as cores não são completamente desprovidas de virtudes. Uma vez que a forma por si só é insuficiente, é necessário que as coisas possuam determinado teor de cor para que possam ser distinguidas umas das outras. Seria muito ruim se você fosse pegar um cigarro e, em vez disso, acabasse pegando uma caneta, convertendo sua expectativa por um momento de relaxamento em horas de trabalho entediante. Por outro lado, duvido muito que o nível de cor exigido para que se possa fazer uma simples distinção tenha qualquer relação com o surgimento de conceitos como "verde-limão".

Asseguro-lhes que não me oponho totalmente ao uso de cores, desde que sua presença seja discreta, tenha uma função diferencial e dispense exuberâncias desnecessárias. Sinto-me na obrigação de fazer essa afirmação por causa da atual crença popular de que a cor é capaz de comunicar ideias e abrir portas para a interpretação da personalidade humana. Esse tipo de pensamento se tornou muito predominante, porém eu, particularmente, me recuso de forma absoluta e inequívoca a ser intimidada pela capacidade de absorção de luz de um objeto. Não há nada menos interessante do que uma cor carregada de significado — o mero ato de imaginar algo assim já é grosseiro, inapropriado e impregnado dos anseios mais enfadonhos.

Por causa da natureza urgente da situação, é necessário que considerações puramente estéticas se alinhem às preocupações igualmente graves relativas aos equívocos filosóficos. Este assunto já foi ignorado por tempo demais — está mais do que na hora de o povo exigir que essa questão seja destrinchada.

Cores primárias

As cores primárias são aquelas das quais mais se abusa, sem o menor constrangimento. Os principais culpados podem ser divididos em dois grupos.

Primeiro, a turma do design gráfico, que acredita que as cores primárias são, ao mesmo tempo, divertidas e intensas, e manifesta esse pensamento aplicando-as incessantemente em lugares onde as pessoas teriam todo o direito de estarem deprimidas. Na verdade, o uso do vermelho, do amarelo e do azul é tão difundido em escolas, aeroportos e hospitais especializados no tratamento do câncer que, se uma pessoa estiver sem um livro ou uma bagagem num lugar assim, ela jamais poderia ser acusada de estar exagerando se decidisse se atirar pela janela.

Segundo, existem pessoas que se esforçam intensamente para transmitir uma aura de paixão, inocência infantil ou serenidade — de acordo com a cor primária escolhida. A preocupação aqui, é claro, não é com quem utiliza essas cores com moderação, mas sim com quem, na ausência de uma personalidade capaz de empolgar a si mesmo, é obrigado a se empolgar com a de outras pessoas.

Vermelho

O vermelho é frequentemente associado com a paixão porque é a cor do fogo. Pessoas que levam algo assim a sério precisam ser lembradas de que existe uma coisa chamada incêndio criminoso.

Amarelo

Pessoas exageradamente empolgadas com o uso do amarelo o fazem numa tentativa de criar uma atmosfera de inocência infantil e otimismo solar. Uma vez que essas particularidades específicas não têm a menor chance de serem o motivo pelo qual essa é a cor utilizada em placas de aviso, um bom conselho que eu dou é o de sempre olhar para os dois lados antes de atravessar.

Azul

O azul deveria, supostamente, expressar serenidade, uma vez que, supostamente, é a cor da água, que é, supostamente, um elemento calmo e tranquilo. Ao se deparar com os defensores do matiz, entretanto, é uma boa ideia lembrá-los de que a água também é o habitat favorito dos tubarões e, nove em cada nove vezes, a causa de morte por afogamento.

Cores secundárias

As cores secundárias — verde, laranja e roxo — são simplesmente variações do mesmo tema. Assim como as cores primárias, elas têm o seu lugar e, segundo me disseram, podem com frequência ser encontradas na natureza.

Apesar de tudo isso, quando o assunto é cor, eu sigo muito pouco entusiasmada. Há quem diga que sem cor o mundo seria um lugar muito chato — mas, por outro lado, há quem diga que pelo menos não haveria nenhuma chance de as coisas não combinarem.

O som da música: Já chega

Para começar, eu quero dizer que, até onde eu sei, levando em conta que não fiz deliberadamente nenhuma pesquisa sobre o assunto, a única diferença entre "música" e "muzak", também conhecido como música de elevador, é a maneira como se escreve. Pablo Casals ensaiando do outro lado do corredor com a porta aberta — ou ficar presa dentro de um elevador, cujo teto emana *Parsley, Sage, Rosemary, and Thyme* — para mim é a mesma coisa. Me achou grosseira? Talvez. Mas, se você parar para pensar, não vivemos uma época das mais gentis. E ela fica ainda menos gentil com toda essa melodia incessante no que um dia já foi nossa vida real.

Houve um tempo em que a música sabia qual era o seu lugar. Não mais. É possível que isso não seja culpa dela. Vai ver a música se meteu com uma turma barra-pesada e acabou perdendo o senso de decência. Estou disposta a aceitar essa possibilidade. Estou disposta até mesmo a tentar ajudar. Eu gostaria de fazer a minha parte para colocar a música de volta em seu lugar, para fazê-la se aprumar e abandonar o cotidiano de nossa sociedade. A primeira coisa que ela precisa entender é que existem dois tipos de música — a boa e a ruim. Música boa é aquela que eu quero ouvir. Música ruim é aquela que eu não quero ouvir.

Sendo assim, para que a música possa enxergar com maior clareza os erros que vem cometendo, apresento as seguintes considerações. Caso você seja uma música e se reconheça nessa lista, você é uma música ruim.

1. Música no rádio-relógio de outras pessoas

Existem ocasiões nas quais acabo passando a noite na casa de outra pessoa. É comum que essa outra pessoa trabalhe num setor mais trivial do que o meu e precise acordar numa hora específica. Com grande frequência, a outra pessoa programa, sem o meu conhecimento prévio, um aparelho de tal maneira que eu acabo sendo acordada pelo Stevie Wonder. Quando acontece uma coisa dessas, anuncio que, se eu quisesse ser acordada pelo Stevie Wonder, eu teria dormido com ele. Porém não quero ser acordada pelo Stevie Wonder, e foi por isso que Deus inventou o despertador. Às vezes, a outra pessoa se dá conta de que estou certa. Às vezes, não. E foi por isso que Deus inventou *muitas* outras pessoas.

2. Música que toca na espera dos telefones comerciais de outras pessoas

Não me agrada, em hipótese alguma, a espera telefônica. Porém eu sou uma mulher racional. Sou capaz de aceitar a realidade. De encarar os fatos. O que eu não consigo encarar é a música. Assim como existem dois tipos de música — a boa e a ruim —, existem dois tipos de espera telefônica — a boa e a ruim. Boas esperas telefônicas são aquelas que fazem a pessoa esperar em silêncio. As ruins fazem a pessoa esperar ouvindo música. Quando eu espero, prefiro que seja em silêncio. É assim que tem que ser, pois era disso que Deus estava falando quando disse: "Cale-se para sempre". Ele poderia ter acrescentado "e permaneça quieto", mas achou que seríamos mais inteligentes.

3. Música nas ruas

Nos últimos anos testemunhamos um aumento constante do número de pessoas tocando música nas ruas. Nos últimos anos também testemunhamos um aumento constante do número de doenças infecciosas. Estariam os dois acontecimentos ligados? É de pensar. Mas mesmo que não estejam — e, como ressaltei, não há como ter certeza —, a música nas ruas certamente já cobrou o seu preço. Na melhor das hipóteses, é algo que desorienta. Quando você caminha pela Quinta Avenida, não espera ouvir um quarteto de cordas tocando uma valsa de Strauss. O que você espera ouvir quando caminha pela Quinta Avenida é o barulho do trânsito. Quando você, de fato, ouve um quarteto de cordas tocando uma valsa de Strauss ao caminhar pela Quinta Avenida, você pode ficar confuso e imaginar que não está andando pela Quinta Avenida, e que, de alguma forma, foi parar na Viena do passado. Imagina-se que alguém que vá parar na Viena do passado fique bastante incomodado ao perceber que, na Viena do passado, a Charles Jourdan não está em liquidação. E é por isso que, quando estou andando pela Quinta Avenida, eu quero ouvir o barulho do trânsito.

4. Música em espaços públicos, como restaurantes, supermercados, recepções de hotéis, aeroportos etc.

Quando estou num dos lugares supracitados, eu não estou lá para ouvir música. Estou lá pela razão pertinente a cada um desses lugares. Eu tenho tanto interesse em ouvir "Mack the Knife" enquanto espero pelo meu voo para Boston quanto alguém sentado na primeira fila do Sands Hotel está interessado em ser obrigado a escolher entre dezesseis variedades de queijo cottage. Se Deus quisesse que tudo acontecesse ao mesmo tempo, não teria inventado os calendários de mesa.

Epílogo

Certas pessoas falam sozinhas. Outras cantam para si mesmas. Algum desses grupos é melhor do que o outro? Deus não fez todas as pessoas iguais? Sim, Deus fez todas as pessoas iguais. Mas só para algumas ele deu a habilidade de inventar suas próprias palavras.

A arte do crime

Talvez uma das tendências mais interessantes de nossa época seja a invasão de prédios acompanhada da tomada de reféns. Pessoas que cometem esse tipo de façanha em geral o fazem movidas por desavenças políticas, injustiça social e um desejo profundo de saber como ficariam na TV. É um pessoal ousado — insolente e determinado — que defende aguerridamente o seu direito a tempo de tela.

Embora noticiados com frequência, eventos como esses eram quase sempre ignorados no circuito das artes. O meio artístico menosprezava e se sentia muito distante de tais ocorrências, em especial por causa do seu baixo impacto visual. Essa complacência, entretanto, foi profundamente abalada por uma série de incidentes que sacudiram o mundo da arte com o seu uso arrojado de cores e imponente domínio do espaço.

Incidente n. 1 — "Sem título" (Gasolina sobre pano)

Um pequeno grupo de cubistas exilados ocupou a Rotunda do Capitólio em Washington, DC, e ameaçou incendiá-la a menos que a cidade inteira fosse reduzida às suas formas geométricas elementares. Eles tomaram *Três músicos* reféns e anunciaram à mídia que, a menos que suas exigências fossem atendidas, o violinista ficaria sob a mira de uma arma e seria forçado, nas palavras de Braque X, o líder do grupo, "a tocar enquanto o domo arde".

Desesperados para evitar uma tragédia dessa magnitude, representantes do governo estiveram reunidos durante toda a noite e, na manhã seguinte, um Expressionista Abstrato foi enviado para negociar uma rendição pacífica. O Expressionista Abstrato, um sujeito perspicaz com um longo histórico de manipulação da percepção da realidade, aparentemente estava avançando em sua negociação quando Braque X o acusou de não ter nenhuma perspectiva sobre o tema. Isso retardou os procedimentos por horas, mas, por fim, o Expressionista Abstrato, que tinha todos os motivos para querer que os cubistas saíssem de cena, tranquilizou Braque X ao garantir que eles seriam liberados caso prometessem desistir de seu plano ensandecido. Percebendo-se encurralado, Braque X aceitou a oferta e um conjunto de planos e ângulos levou os cubistas de volta ao seu devido lugar na história da arte.

A polícia, no entanto, não ficou satisfeita com o desfecho, e o comandante da operação declarou numa entrevista, adotando um tom de voz impressionista: "Minha filha de cinco anos teria feito algo melhor". Essa opinião atiçou a imaginação do público, e um grupo de justiceiros foi rapidamente formado. Mais tarde naquela noite, o Expressionista Abstrato foi conduzido por um pelotão de fuzilamento até o meio de um campo colorido e foi cravejado de balas — mais uma vítima da incessante mudança de gostos.

Incidente n. 2 — "Garota com submetralhadora"

Um grupo de artistas feministas conhecidas como Mulheres Contra tomou um grupo de pintores figurativos reféns e exigiu saber por que eles retratavam as mulheres com seios. Os homens responderam que pintavam as mulheres com seios porque elas possuíam seios, e acusaram as feministas de terem medo de serem enquadradas. As mulheres perceberam na mesma hora a genialidade daquela afirmação e se desculparam efusivamente, explicando que estavam severamente deprimidas, uma vez que todas atravessavam sua Fase Vermelha.

Incidente n. 3 — "Forma seguindo uma função"

Os olhos de todo o mundo se voltaram para uma pequena cidade italiana quando uma organização terrorista revolucionária conhecida como os Bombardeiros de Bauhaus ameaçaram se matar dinamitando a Torre de Pisa. Para evitar tumultos, os Bombardeiros de Bauhaus não fizeram ninguém refém, mas exigiram que um objeto exclusivamente decorativo fosse destruído a cada hora, até que o seu objetivo fosse atingido. Não se sabia, entretanto, qual era esse objetivo, uma vez que eles insistiam em mantê-lo em segredo, a menos que alguém lhes desse uma prova de que nenhuma outra organização terrorista pretendia copiá-lo. Temendo a perda do prédio histórico, as autoridades cederam por completo. Caminhões lotados de objetos tirados de bricabraques foram levados até a praça central da cidade. Sob a orientação dos Bombardeiros, dezenas e mais dezenas de bibelôs de porcelana, cabideiros em formatos criativos e vasos supérfluos foram sacrificados em nome da causa misteriosa.

O tempo foi passando e os terroristas seguiam se recusando a divulgar seu propósito. Dia após dia, a multidão foi ficando cada vez mais impaciente, e a polícia, vendo-se diante da possibilidade de um tumulto, enfim elaborou um plano de ação. Vestindo um dos seus homens com um conjunto de veludo marrom-claro e um suéter preto de gola rulê, eles conseguiram se infiltrar na organização. Algum tempo depois ele retornou, trazendo a informação de que o arsenal que eles imaginavam consistia, na verdade, em uma mísera bomba, de proporções ridiculamente diminutas. Chocados com o fato de os Bombardeiros estarem equipados de forma tão minimalista, perguntaram ao seu agente qual era a explicação para aquela loucura. Depois do tempo que havia passado com eles na torre, o agente simplesmente olhou para os policiais e, com um ar muito descolado, disse apenas: "Menos é mais".

Muitíssimo aliviada, a polícia invadiu o prédio e subjugou facilmente seus adversários. Já sob custódia, os Bombardeiros de Bauhaus falaram sem papas na língua e insistiram com fervor que sua causa era justa. Tudo que eles queriam, eles disseram, era que a Torre de Pisa fosse endireitada. Questionados sobre o motivo de terem adotado medidas tão drásticas, eles gritaram: "Nunca mais!". Em seguida, fizeram seu último e inquestionável ataque ao edifício que afunda: a Torre de Pisa era e continuará sendo fragorosamente assimétrica.

Incidente n. 4 — "Cadeira reclinável e torradeira comedora de alcaçuz"

Um pequeno embora incongruente grupo de seguidores de Dada conhecido como MOMA vestiu calças e rumou para a periferia de Chicago. Depois disso, enviaram uma mensagem ao presidente dos Estados Unidos exigindo uma sobreposição mais divertida das leis. Antes que o presidente pudesse responder a eles, um conhecido advogado especialista em direito do consumidor acusou os membros do MOMA de forrar uma xícara de chá com a pele de uma espécie ameaçada de extinção. Os dadaístas foram levados perante um subcomitê do Senado e forçados a aceitar os termos de um acordo que os obrigaria a usar no futuro roupas feitas de pelúcia colorida ou roupa nenhuma. Os membros do MOMA protestaram contra essa restrição, uma vez que os tecidos sintéticos já haviam cobrado o seu preço ao inspirar a criação de um ferro de passar com pregos, produzido de maneira muito menos perspicaz do que se imaginava originalmente. Olhando em retrospecto, o acordo no Senado acabou sendo um mal que veio para o bem, pois permitiu que os dadaístas percebessem que haviam inventado um formato compatível com os museus — o que os deixou bem-humorados, fazendo com que todos dessem uma gostosa gargalhada.

Incidente n. 5 — "   "

Um número aterrorizante de artistas conceituais (dois) ocupou um espaço no centro de Manhattan e, sem ninguém perceber, foram obrigados a se mudar para a parte norte da cidade. Lá, eles espalharam algumas pedras para comunicar que estavam mantendo 168 fitas de videocassete reféns. Eles exigiam que as pessoas imaginassem que aquilo era minimamente interessante. Ao não receber nenhuma resposta, eles parabenizaram um ao outro de maneira efusiva pelo seu sucesso e repetiram a ação ininterruptamente.

Letras

Letras

Graças às condições que hoje dominam o mundo das letras, agora é possível que uma garota seja destruída por um livro. Graças, também, às condições que hoje dominam o mundo das letras, agora é possível que um garoto seja destruído por um livro.

Um livro, é claro, não é o único perigo aqui, uma vez que as coisas chegaram a um ponto em que uma revista só é mais segura por ser mais curta. As revistas, porém, muitas vezes acabam levando aos livros, e os mais precavidos devem vê-las como preliminares em um encontro com a literatura.

Todos os interessados devem levar este alerta muito a sério e, com o objetivo de criar um ambiente menos perigoso no mundo dos impressos, ofereço aqui algumas dicas sobre como evitar a leitura e/ou a escrita de material potencialmente destrutivo.

Livros femininos

Matricule-se numa faculdade de medicina e se especialize em ginecologia. Não vai demorar para que o desencanto se manifeste e você perceba que as possibilidades literárias da vulva foram de algum modo superestimadas.

***

Mulheres que insistem em ter as mesmas opiniões dos homens fariam bem em considerar ser um desses sujeitos fortes e caladões.

***

Ter sido impopular no ensino médio não é um bom motivo para publicar um livro.

***

Ter sido popular na escola já deveria ter sido o bastante. Não compartilhe essa experiência com o público leitor.

***

Se as suas fantasias sexuais fossem interessantes para outras pessoas, não seriam mais fantasias.

***

Como fã de literatura, talvez lhe interesse saber que, em toda a obra de Shakespeare, a palavra *assertivo* não aparece nem uma vez.

***

Tenha em mente que ainda existem certos assuntos difíceis de engolir, e que muita gente lê enquanto faz suas refeições.

Poesia

Se você acha que a contemplação do suicídio é prova suficiente de uma natureza poética, não se esqueça de que ações falam mais alto que palavras.

***

De modo geral, é desumano manter um pensamento rebelde preso.

***

A boca-livre foi criada por donos de restaurantes durante a Depressão. O verso livre também costuma ser criado durante uma depressão. Se isso acontecer com você, tente matar o impulso ainda no berço com um drinque.

***

Se você estiver assistindo ao sol se pôr do pátio de uma loja de carros usados em Los Angeles e for arrebatado pelos paralelos entre essa imagem e o destino inevitável da humanidade, em hipótese alguma escreva sobre isso.

Revistas especializadas

Publicações especializadas deveriam perceber que, se elas estão atraindo anunciantes e leitores o bastante para lucrar com isso, talvez não sejam tão especializadas assim.

***

A troca de informações sobre a localização dos melhores edredons ou da melhor comida indiana em Nova York deveria ser, na minha opinião, permitida entre adultos, de forma consensual e privada, desde que os mais jovens e os literatos não fossem maltratados no processo.

***

Ter relações sexuais com maquinário pesado não é uma boa temática para uma revista especializada. É um defeito de personalidade.

Livros de autoajuda

A palavra *realizar* não existe. A palavra *internalizar* não existe. Na verdade, em apenas uma situação as letras *izar* são adequadas aqui e é na palavra *fertilizar*.

* * *

Saúde mental é algo que raramente — se é que alguma vez — foi adquirido dando à luz dentro de uma banheira.

* * *

Se você quiser ter sucesso neste mundo, não escreva um livro — arrume um advogado.

* * *

É muito mais provável que riqueza e poder venham de sua família do que do seu hábito de leitura.

* * *

Embora às vezes possa acontecer de a personalidade de alguém estar estampada na cara da pessoa, não se pode contar com isso, pois a cara de alguém estampa a sua personalidade bem antes da outra possibilidade aparecer.

Escrever: Uma sentença perpétua

Ao contrário do que muitos talvez imaginem, uma carreira no mundo das letras não é um caminho livre de percalços — sendo o principal deles o fato desagradável de que você precisa de verdade, e com bastante frequência, sentar e escrever. Essa é uma demanda característica da profissão e, como tal, é profundamente irritante, pois é um lembrete constante para o escritor de que ele não é agora, nem será algum dia, como as outras pessoas. Os requisitos do ofício são tão terríveis, tão injustos e tão distantes das pessoas comuns que o escritor está para o mundo real assim como o esperanto está para o mundo das línguas — até que é divertido, mas não *tão* divertido assim. Partindo desse princípio, sinto que é chegada a hora de todos aceitarem as diferenças do escritor como inerentes e reconhecerem de uma vez por todas que, em terra de cego, quem tem um olho é escritor — e ele não está lá muito empolgado com isso.

Assim, apresento o teste abaixo com a esperança de que desperte uma compaixão que é muito necessária. Os itens de 1 a 5 são para pais e mães — as explicações que vêm depois são para os masoquistas. Ou vice-versa.

Como descobrir se o seu filho é um escritor

Seu filho é um escritor se uma ou mais das afirmações abaixo se aplicam a ele. Aconselha-se responder com sinceridade — nenhuma mentira será capaz de alterar essa trágica realidade.

1. Pré-natal

A. Você sofre de enjoos matinais porque o feto é disperso demais para trabalhar durante o dia.
B. Você desenvolve um desejo específico por secretárias eletrônicas e datilografia.
C. Quando o seu obstetra encosta o estetoscópio no seu abdome, ele ouve desculpas.

2. Nascimento

A. O bebê está pelo menos três semanas atrasado porque teve muitas dificuldades com o final.
B. Você está há 27 horas em trabalho de parto porque o bebê deixou tudo para o último minuto e gastou um tempo enorme tentando fazer com que os dedos do pé crescessem em formatos mais interessantes.
C. Quando o médico deu uma palmada no bebê, este não ficou nem um pouco surpreso.
D. Não há dúvidas de que o parto é de apenas uma criança, pois o bebê descartou a ideia de ter um gêmeo por achá-la muito clichê.

3. Primeira infância

A. O bebê recusa tanto o peito quanto a mamadeira, preferindo em vez disso água Perrier com limão, numa tentativa de parar de beber.
B. O bebê dorme a noite inteira quase imediatamente. E o dia inteiro também.
C. As primeiras palavras do bebê, pronunciadas aos quatro dias de idade, são "semana que vem".

D. O bebê usa o fato de que seus dentes estão nascendo como uma desculpa para não aprender a balbuciar.

E. O bebê chupa o dedo indicador com a firme convicção de que o dedão está muito batido.

4. Segunda infância

A. Ele rejeita os ursinhos de pelúcia por considerá-los pouco originais.

B. Ele usa seus blocos de letras para escrever trocadilhos ridicularizantes baseados nos nomes das pessoas.

C. Quando está sozinho, ele não pede à mãe um irmãozinho ou uma irmãzinha, mas sim um pupilo.

D. Quando completa três anos, passa a se considerar uma trilogia.

E. Sua mãe evita apagar seus desenhos de lápis de cor nas paredes da sala temendo ser acusada de fazer uma edição muito pesada.

F. Quando alguém lê uma historinha para ele dormir, ele faz comentários sarcásticos sobre o estilo do autor.

5. Terceira infância

A. Aos sete anos começa a pensar em mudar de nome. E também de sexo.

B. Ele se recusa a ir à colônia de férias porque sabe que lá pode haver crianças que nunca ouviram falar dele.

C. Ele diz às professoras que não fez a lição de casa porque sofreu um bloqueio.

D. Ele se recusa a aprender a escrever uma carta amistosa pois sabe que jamais fará algo assim.

E. De olho numa possível adaptação para o cinema, insiste em mudar o título de sua redação de "O que eu fiz nas minhas férias de verão" para algo muito mais impactante, como "Férias".

F. Ele é completamente hipocondríaco e tem certeza de que sua catapora é, na verdade, lepra.

G. Ele sai no halloween fantasiado de Harold Acton.

Quando essa pobre criança atingir a puberdade, não haverá mais nenhuma esperança de que desista de ser escritora para ser algo mais interessante — como uma vítima de sequestro. A preocupação, então, quando ela adentrar o difícil período da adolescência, será que receba uma educação adequada num ambiente acolhedor. Por isso é fortemente recomendado que o escritor adolescente frequente um colégio diretamente voltado para o seu dilema — o Colégio da Escrita. No Colégio da Escrita, o aluno estará entre seus iguais — os ingratos. Ele poderá cursar uma ampla gama de disciplinas relevantes para os seus interesses: Começando Mal, Evitando Los Angeles I e II, Reviravolta Corretiva, Editores de Revista: Por Quê?, e Técnicas Avançadas de Criação de Frases — todas lecionadas por professores que os invejam porque, no fundo, queriam ser alunos. Diversas atividades extracurriculares (como o Clube da Sobrecapa, no qual os alunos se divertem enquanto aprendem os rudimentos de como conseguir empregos temporários interessantes, como lenhador, apostador de loteria, criador de ovelhas e pornógrafo) estão disponíveis. A equipe de figuras de linguagem, os Metáforas, é extremamente competente. Estão entre os melhores de sua categoria, e sua amada mascote, Janet Flanner, é um dos xodós do campus.

Embora o livro do ano — *O desdém* — raramente seja concluído antes da formatura, ainda assim é uma bela lembrança dos anos passados no Colégio da Escrita. O refeitório é comandado por uma mulher acima do peso muito ambiciosa, que serve comida italiana medíocre cobrando preços ridiculamente exagerados. A união entre os estudantes é cultivada num encontro semanal no auditório conhecido como O Símile. Tutores particulares — ou "ghosts", como são chamados no Colégio da Escrita — estão à disposição dos alunos com mais dificuldades. Após se formar ou ser expulso (sendo esta última a opção preferida dos alunos mais comerciais, que optam por esse caminho pelo seu grande potencial como anedota a ser contada num talk show), o escritor está mais pronto do que nunca para deixar a sua marca no mundo.

Não é necessário detalhar as próximas fases de sua carreira, uma vez que todos acabam do mesmo jeito — mortos ou em Casas de Repouso para Escritores Idosos. A perspectiva de ser colocado num estabelecimento desses é encarada com profundo terror por todos os escritores, e não sem motivo. Escândalos recentes revelaram a prática desumana e difundida de modo estarrecedor de escrever resenhas negativas sobre os escritores idosos, e mais de uma vítima de tal crueldade já foi encontrada morta por falta de elogios.

Essa não é, lamentavelmente, uma imagem muito bonita, mas também não é muito precisa. Só não vá ficar muito empolgado com *isso* — afinal de contas, não é errando que se aprende a escrever.

PX ou não PX: Eis a resposta

Foi com considerável aprovação que escutei, numa noite de domingo, o meu anfitrião daquele fim de semana instruir o seu chofer a levar a nós, seus convidados, de volta a Nova York. A fonte de minha aprovação era a minha firme convicção de que o transporte público deve ser evitado com exatamente a mesma determinação que alguém evita a herpes tipo 2. E preciso dizer que, graças ao meu baixo poder aquisitivo e ao meu grande número de conhecidos, fui incrivelmente bem-sucedida em escapar dessas duas coisas. Foi, portanto, com excelente humor que me acomodei confortavelmente no branco traseiro do carro. Sorri de forma calorosa para os meus companheiros, acendi um cigarro e entrei entusiasmada numa discussão sobre os curiosos hábitos pessoais de quem não estava presente ali. Em tais circunstâncias, é perfeitamente compreensível que eu não tenha, a princípio, prestado muita atenção no burburinho inofensivo que emanava do motorista. Apenas quando se fez um silêncio, graças a uma longa pausa na conversa, tive a oportunidade de entreouvi-lo e percebi que alguém estava conversando com ele. Examinei meus colegas passageiros e fiquei muito aliviada ao concluir que nenhum deles escondia um talento para o ventriloquismo. O fato de o chofer possuir aquela habilidade tão específica também estava praticamente fora de cogitação. Movida pela curiosidade, exigi de modo direto uma explicação a ele. Ele respondeu que estava usando o rádio do cidadão, ou PX, que havia acabado de instalar no carro do meu anfitrião. O burburinho que o respondia vinha de um caminhoneiro há vinte quilômetros de distância. Perguntei o que ele esperava com aquela conversa. Ele respondeu que estavam trocando informações sobre o clima, o trânsito e os radares da polícia.

Olhei pela janela. Era uma noite limpa e estrelada de setembro. O trânsito estava carregado. Se houvesse um radar da polícia na região, o policial provavelmente estaria lendo um jornal. Compartilhei com o chofer essa minha opinião. Ele respondeu que estava sendo informado sobre as condições vinte quilômetros adiante de onde estávamos. Eu respondi que era uma noite de domingo, que dirigíamos pela Merritt Parkway em direção a Nova York e que, à nossa frente, encontraríamos exatamente as mesmas condições que experimentávamos agora, exceto pelo fato de que elas iriam se tornar cada vez mais cosmopolitas. Ele ignorou essas informações, preferindo, em vez disso, voltar para o seu burburinho. Levando em conta que essa não era a primeira vez que fui largada por um caminhoneiro, me ajeitei no banco para escutar o que eu imaginava que seria uma conversa especialmente monótona. O que se sucedeu, entretanto, foi ininteligível num grau que eu não esperava, pois eles conversaram num código que parecia totalmente desprovido de significado. Isso, fiquei sabendo depois, era gíria do rádio PX — uma linguagem específica usada pelos adeptos dessa modalidade de comunicação. Como aquele era o meu primeiro encontro com esse tipo de rádio, senti que estava no direito de responder com mera antipatia. Eu não sabia nada sobre aquilo. Agora isso já faz um ano. E agora sei um monte de coisas sobre o assunto. E, sim, estou consternada — e, sim, estou horrorizada — e, sim, sou totalmente contra.

De início eu tinha planejado expressar minha contrariedade na forma de uma troca de cartas entre Oscar Wilde e Lord Alfred Douglas toda escrita em gíria de PX. Trabalhei de forma árdua, mas tive pouco sucesso, pois a gíria de PX, quando usada como uma forma de comunicação, é irremediavelmente masculina. Na verdade, dá parà afirmar com bastante segurança que, se todas as mulheres e todos os homossexuais fossem removidos da população dos Estados Unidos, a gíria de PX seria a língua oficial do país.

Sou profundamente qualificada para fazer essa afirmação pois estudei de forma intensa para executar o projeto supracitado. Assim, tenho total confiança de que sou praticamente fluente em gíria de PX. Isso me surpreende — pois carrego comigo a memória de uma juventude razoavelmente povoada por professores de francês, sendo que todos no fim acabaram reconhecendo seu fracasso e anunciando que eu não possuía ouvido para línguas. Talvez, talvez, mas isso não importa, pois quando o assunto é gíria eu tenho um ouvido e meio. Claramente minha habilidade linguística não era o problema. Eu fiz o que pude. Atribuí a Lord Douglas o "vulgo" (ou apelido) de "Chave". Para o sr. Wilde, escolhi "Cadeado", atingindo, portanto, uma simetria invejável. Li pilhas de cartas reais escritas por ambos, escarafunchei o dicionário de gírias de PX. Tentei fazer traduções totais e parciais. Tentei botar notas de rodapé. Não deu certo. A gíria de PX é, no fim das contas, uma linguagem muito limitada, voltada principalmente para engavetamentos de veículos, radares escondidos, câmbio manual e paradas para tomar café. Os pensamentos do sr. Wilde e do Lord Douglas estão em outro lugar. Por exemplo, não existem equivalentes em gíria de PX para as palavras "cróceo", "narciso", "alheio" ou "menino de cabelos cor de mel". E mesmo os epigramas mais perfeitos sofrem quando são interpretados numa língua que se refere a cama como "módulo 2m".

Por sorte, sou do tipo aguerrida e estou mais do que disposta a expressar meu desprazer de outra forma:

A própria palavra *cidadão* implica uma preocupação com a democracia que não tem como não ser interpretada como fanática. E não sem motivo, pois as portas para o mundo do rádio PX estão escancaradas para qualquer um — absolutamente todo mundo, para falar a verdade. Garanto que entrar na Macy's é muito mais difícil.

* * *

Para o usuário comum (e você vai ter que procurar muito, e por muito tempo, até achar alguém que se encaixe bem nesta descrição) de PX, o rádio é o seu passatempo. Um passatempo é, naturalmente, uma abominação, assim como todos os interesses e as paixões que consomem tempo e não levam de forma direta a um aumento de ganhos pessoais.

* * *

Participar do rádio PX é como firmar um contrato. Qualquer contrato que não pode, a pedido do portador, ser imediatamente convertido em dinheiro deixa muitíssimo a desejar tanto em elegância quanto em dignidade.

* * *

A gíria de PX é, por um lado, muito divertida, mas, por outro, não tem um termo correspondente a *cinza pérola*.

* * *

A faixa do rádio do cidadão dá a um indivíduo acesso a pessoas dos mais variados estilos de vida. Não se deve esquecer que os mais variados estilos de vida incluem artistas conceituais, pessoas que lavam suas roupas a seco e poetas vivos.

* * *

A comunicação feita através da faixa do rádio do cidadão consiste quase exclusivamente em informações factuais, não sendo, portanto, do menor interesse para o praticante de conversa civilizado.

Recebendo cartas

Como alguém que nutre uma repulsa especial por jornais, eu dependo bastante dos comentários aleatórios dos outros para me manter informada. Assim, minhas fontes estão longe de serem impecáveis. Mas elas têm, por outro lado, um curioso charme próprio todo especial e não devem, portanto, ser menosprezadas. Por exemplo: fui informada recentemente de que os Correios dos Estados Unidos estão considerando reduzir o funcionamento de seus serviços para apenas três dias por semana. O informante era uma pessoa próxima à mãe de quem me contou e, portanto, confiável. Minha reação imediata foi de choque e consternação, até perceber que, na região onde moro, receber três visitas dos Correios numa mesma semana é um evento muito raro e precioso. Comecei a me perguntar por que o meu serviço local deixava tanto a desejar se comparado ao resto do país e decidi fazer uma discreta investigação.

A região onde moro fica no Greenwich Village, um bairro da cidade famoso por suas interessantíssimas qualidades artísticas. Essas qualidades podem ser encontradas não apenas em sua atmosfera e nos seus moradores, mas também em seus servidores públicos. Na verdade, não existe um funcionário na agência dos Correios local que não apresente mudanças de humor tão bruscas e marcadas que você não fique pensando que apenas uma lamentável falta de ritmo pode tê-los afastado de uma bem-sucedida carreira escrevendo óperas trágicas. Uma extensa pesquisa logo demonstrou que nada disso tinha sido por acaso, mas sim um esforço cuidadosamente planejado para aproximar os Correios da população a quem eles servem. O sistema de Correios de Greenwich Village é uma entidade à parte, comprometida com a ideia de que em nenhum outro lugar do mundo os homens são criados de forma mais igualitária do que no centro do West Side. É por isso que seus escritórios foram projetados com influências diretas da Bauhaus. Os cartazes de procurado se referem a desejos mais pessoais do que federais. Os uniformes são escolhidos de acordo com os cortes e os tecidos. E eles incluíram no lema oficial dos Correios o Adendo do Greenwich Village, que o deixou assim: "Nem a neve, nem a chuva, nem o calor, nem a escuridão da noite podem impedir estes carteiros de cumprirem suas rotas com diligência. *Todavia*, sensibilidades ofendidas, memórias dolorosas, bloqueios e compromissos prévios podem atrasar o carteiro por um período indefinido. *C'est la vie*". Uma análise mais profunda desse lema revela as seguintes verdades interiores:

Sensibilidades ofendidas

Uma Situação de Sensibilidade Ofendida é declarada quando uma rota atribuída contém os seguintes elementos:

1. Arquitetura de proporções deselegantes.
2. Um número excessivo de artistas conceituais. A definição oficial de "excessivo" em casos como esse foi estabelecida em: "Mais de dois, se estiverem mortos; mais de um, se estiver vivo".
3. Músicos que estejam acordados.
4. Casinhas de cachorro muito sofisticadas.
5. Restaurantes étnicos que servem comida interessante.

Memórias dolorosas

Uma Situação de Memória Dolorosa pode ser invocada quando um carteiro é convocado para fazer entregas em distritos nos quais:

1. Ele tenha tido um encontro sexual satisfatório do ponto de vista emocional, porém fisicamente traumático.
2. Ele tenha consumido um curry de camarão preparado de forma muito desleixada.
3. Ele tenha sido esnobado.

Bloqueio

O Bloqueio é uma situação virulenta que acomete os carteiros mais sensíveis com alarmante regularidade. Seus sintomas são:

1. A incapacidade de encontrar o endereço certo, causada por um perfeccionismo paralisante somado a uma crença de que o endereço certo — aquele complicado que você achava que sabia de cabeça — fugirá de você para sempre.
2. Uma tendência a ler os números do código postal errado junto com uma dúvida incômoda sobre se a palavra CEP deve ser escrita com C ou com S.
3. Uma convicção de que você está acabado. De que os seus grandes dias de cumprir suas rotas com diligência ficaram para trás.

Compromissos prévios

O carteiro do Greenwich Village faz o melhor que pode para deixar suas horas de trabalho completamente livres, porém, é claro, ele também não está imune ao ritmo frenético da vida urbana e, com frequência, descobre que está completamente sem tempo para nada. Isso não chega a surpreender, uma vez que ele acredita com firmeza no ditado "achado não é roubado" e, assim, acaba sendo levado pelo turbilhão que é a vida social e profissional dos outros. Uma olhadinha numa página de sua agenda de compromissos revela o seguinte:

Mardi 6 avril

10h30 — Reunião com a diretoria da Fundação Ford.

12h — Encontro com o agente para discutir a tradução para o holandês.

13h — Almoço, La Côte Basque — Barbara Walters.

15h30 — Reunião do Conselho de Segurança das Nações Unidas.

18h — Desfile de Moda, 500 Club — Stephen Burrows — prêt-à-porter.

20h — Pré-estreia na Paramount.

22h — Jantar de negócios — Jonas Salk — Orsini's

Greve de escritores:
Uma profecia assustadora

As grandes metrópoles são muitas vezes afligidas por greves e manifestações de médicos, lixeiros, bombeiros e policiais. Isso sempre incita o clamor popular, pois quem se preocupa com a segurança pública rapidamente começa a imaginar uma cidade repleta de lixo em chamas em meio a uma onda de homicídios. Entretanto, lixo nas ruas, incêndios domésticos, assassinos à solta e manchas no pulmão são inconveniências meramente físicas. Paralisações muito mais sérias podem acontecer, mas as autoridades e os cidadãos que se preocupam com os problemas mais tradicionais podem respirar aliviados e pensar: "Bom, está uma bagunça dos infernos, mas, graças a Deus, não são os escritores". Porque, pode acreditar em mim, comparada com a de escritores, até uma greve de caminhoneiros é brincadeira de criança.

Imagine, por exemplo, uma noite chuvosa de domingo em Nova York. Por toda a cidade, escritores estão deitados em suas camas, com a cabeça enfiada debaixo de seus respectivos travesseiros. Eles têm diversos tamanhos e tipos físicos, raças, religiões e credos, porém todos são iguais num mesmo ponto: quando reclamam. Alguns reclamam para si próprios. Outros, para suas companhias. Não faz a menor diferença. De forma simultânea todos se viram e esticam o braço para pegar o telefone. Numa questão de segundos, todos os escritores em Nova York estão conversando com outro escritor em Nova York. Eles estão falando sobre não estarem conseguindo escrever. Esse, fora ficar tentando adivinhar quem não é gay, talvez seja o assunto mais discutido entre escritores em Nova York. Existem variações frequentes desse tema, e é assim que se responde a cada uma delas:

Variação sobre esse tema número um

Você não está conseguindo escrever. Você liga para outro escritor. Ele também não está conseguindo escrever. Isso é sensacional. Agora vocês podem conversar sobre não estarem conseguindo escrever por duas horas e, depois, sair para jantar até as quatro da manhã.

Variação sobre esse tema número dois

Você não está conseguindo escrever. Você liga para outro escritor. Ele está escrevendo. *Isso* é uma tragédia. Ele vai conversar com você apenas pelo tempo suficiente para impressioná-lo com o fato de que não apenas ele está escrevendo, como é possível que *o que* ele está escrevendo é, muito provavelmente, a melhor coisa que ele já escreveu. Sua única alternativa ao suicídio nessa situação é ligar para um roqueiro. Isso o fará se sentir inteligente de novo e você poderá, então, se concentrar na sua incapacidade de escrever.

Variação sobre esse tema número três

Você está escrevendo. Outro escritor liga para falar que não está conseguindo escrever. Você anuncia que você *está*. De maneira masoquista ele pergunta o que é que você está escrevendo. Você modestamente o informa de que é só uma coisinha que lembra de forma vaga *Um marido ideal*, talvez um pouco mais engraçado. Seu comportamento no funeral dele no dia seguinte é marcado por tremenda elegância e dignidade.

Existem outras variações desse tema, mas eu acho que vocês já entenderam o que estou querendo dizer. Agora, nesta noite de domingo específica, acontece um fenômeno. Nenhum dos escritores na cidade de Nova York está conseguindo escrever. Quando a notícia se espalha por toda a comunidade de escritores que não conseguem escrever, experimenta-se uma gigantesca sensação mútua de alívio e bem-estar. Por um instante mágico, todos os escritores em Nova York gostam uns dos outros. Se ninguém está conseguindo escrever, então, obviamente, não é culpa dos escritores. Deve ser culpa *deles*. Os escritores se juntam. Eles querem vingança da cidade. Chega de ficar deitado sem conseguir escrever na privacidade de seus lares. Eles não vão mais escrever em público. Eles vão entrar em greve. Decidem fazer um protesto se sentando em conjunto no lobby do Hotel Algonquin para ficar lá sem escrever nada.

Leva algum tempo, mas cerca de um ano e meio depois, as pessoas começam a se dar conta de que não há nada para ler. Primeiro elas notam que as bancas de revistas estão meio vazias. Depois, aquilo começa a afetar a cobertura jornalística na TV. Ainda existem notícias na TV, mas a maior parte é reprise — e dublagem. As pessoas começam a ficar irritadas. Elas exigem que a prefeitura tome uma medida. A prefeitura organiza uma comitiva para negociar com os escritores. O grupo é formado por um bombeiro, um médico, um lixeiro e um policial. Os escritores se recusam a negociar. Sua resposta para a cidade que eles puseram de joelhos? "Ligue para o meu agente." Os agentes se recusam a negociar até descobrirem uma maneira de vender os direitos para o cinema. A greve continua. A Cruz Vermelha recebe autorização para atravessar as linhas do piquete para distribuir direitos autorais e capuccinos.

A situação fica desesperadora. Adultos estão jogando Cinco Marias em pontos de ônibus espalhados pelo país. Edições antigas da revista *People* estão sendo leiloadas e arrematadas por valores exorbitantes na Parke-Bernet. Bibliotecários começam a aceitar propinas e são flagrados dirigindo Cadillacs roxos com capotas de vinil forradas e para-brisas traseiros no formato de páginas. Um sindicato é formado por um grupo que tem diversas edições antigas da *New Yorker*. Eles fundam um bar de leitura exclusivo para membros que só funciona de madrugada e que acaba sendo atacado por bombas incendiárias por uma organização radical que acredita que Donald Barthelme pertence ao povo.

Por fim, a Guarda Nacional é convocada. Centenas de homens fortemente armados invadem o Algonquin. Eles são obrigados a bater em retirada debaixo de uma dolorosa saraivada de comentários sarcásticos.

Embora os escritores tenham combinado que não haveria um líder, um de seus membros acaba se tornando uma espécie de figura de autoridade. Sua influência é baseada, em grande parte, no fato de que traz consigo um exemplar de capa dura de *O arco-íris da gravidade* que, a maioria acredita, ele leu inteiro. Na verdade, ele é um mediador disfarçado, enviado pela prefeitura para se infiltrar entre os escritores e acabar com a greve. Astuto, ele começa a convencer de maneira sorrateira os escritores de que outros escritores estão escrevendo em segredo e terão seus manuscritos completos e prontinhos para a publicação assim que a greve terminar. Ele faz muito bem o seu trabalho. Os escritores deixam o Algonquin e voltam a não escrever em suas casas. Quando eles percebem que foram enganados, e por quem, ficam à beira do suicídio, decepcionados com sua falha de percepção. Que esta seja, portanto, uma lição para todos vocês: quem vê capa não vê coração.

Algumas palavras sobre algumas palavras

Democracia é um conceito interessante, até mesmo louvável, e não resta a menor dúvida de que, quando comparada ao comunismo, que é tedioso demais, ou ao fascismo, que é intenso demais, ela se destaca como a forma mais palatável de governo. Isso não quer dizer que não tenha lá os seus problemas — sendo o principal deles sua tendência a incentivar as pessoas a acreditarem que todos os homens são criados iguais. E apesar de a esmagadora maioria das pessoas precisar de apenas uma rápida olhada à sua volta para perceber que isso está muito longe de ser verdade, muitos permanecem profundamente convictos da máxima.

O principal problema que resulta dessa convicção é o fato de ela fazer com que esse tipo de pessoa leve demais para o lado pessoal o direito inalienável à liberdade de expressão. Isso, por si só, poderia muito bem ser tolerado se esse grupo não fosse dado a uma interpretação tão ampla do termo *liberdade* e tão restrita do termo *expressão*.

A situação melhoraria muito se esses defensores da igualdade lembrassem que uma das características mais básicas da democracia é a separação entre o setor público e o privado. É possível que os fundadores de nosso país estivessem pensando num monte de coisas quando fizeram essa admirável distinção, mas, certamente, sua principal preocupação era proteger os cidadãos mais articulados da possibilidade de entreouvir a conversa enfadonha dos demais.

Como a Declaração de Direitos dos Estados Unidos em seu formato atual deixa muito a cargo da imaginação, faz-se obviamente necessário que algum cidadão sensato e responsável se ofereça para explicar, em todos os detalhes, o que quer dizer exatamente liberdade de expressão. Imbuída do mesmo espírito cívico de qualquer compatriota, aceitarei de bom grado esse desafio. E antes que pensem que eu tenho impulsos autoritários irracionais e perigosos, quero lhes assegurar que meu desejo de cercear a liberdade de expressão indevida se estende apenas a locais públicos como restaurantes, aeroportos, ruas, saguões de hotel, parques e lojas de departamentos. Conversas privadas e consensuais entre adultos me interessam tão pouco quanto provavelmente a eles próprios. Quero apenas proteger os jovens impressionáveis e os velhos cansados dos malefícios do uso inadequado da palavra. Com esse objetivo, elaborei uma lista de palavras que devem ser usadas em público apenas como especificado abaixo:

1. *arte* — Essa palavra só pode ser usada em público em duas situações:
   A. Como apelido — e nesse caso a letra *i* precisa ser acrescentada para formar a palavra *Artie.*
   B. Por um nativo do East End, em Londres, para descrever um órgão vital, como na frase: "Maldição, sinto-me convalescente — quiçá me acomete um inf... arte!".
2. *amo* — A palavra *amo* pode ser utilizada em público apenas para se referir a objetos inanimados ou totalmente inacessíveis.
   A. "Amo linguini com mexilhões" sempre será uma frase aceitável.
   B. "Amo Truman Capote" só é aceitável se a pessoa não o conhece pessoalmente. Se a pessoa conhece

o sr. Capote pessoalmente é muito improvável que ela sinta agora o desejo de expressar esse sentimento.

3. *relacionamento* — O praticante de conversa civilizado usa essa palavra em público apenas para descrever uma parceria comercial.

4. *diafragma* — O decoro público pede que essa palavra só seja utilizada para se referir a uma região no centro do tórax humano, e apenas por médicos — jamais por cantores.

5. *honesto* — Essa palavra só é adequada ao uso público caso a pessoa tenha visto um amigo chamado Nestor e tenha uma maneira muito peculiar de pronunciar seu nome, como na frase: "Ô, Nesto! Quanto tempo, rapaz!".

6. *internalizar* — Deve ser usada apenas (e olhe lá) para descrever o processo através do qual um outrora inofensivo estudante de medicina se transforma numa ameaça para doentes e feridos.

7. *justo* — Essa palavra deve ser usada apenas para se referir a uma calça que está apertada, e não a uma expressão de justiça — pois não apenas esse uso é irritante como também, lhes garanto, completamente inútil.

8. *assertivo* — É sempre aconselhável ter em mente que, quanto ao seu pronunciamento em público, a palavra *assertivo* deve sempre se referir a algo que é dito de forma afirmativa, mas não necessariamente correta.

O ideal é não ler notícia nenhuma

Para alguns são as colunas, para outros é a lógica, mas para mim, quando me perguntam qual é o aspecto mais glorioso da cultura grega, respondo que é matar o portador de más notícias. Acrescente também o portador de boas notícias e você terá aí um hábito que não é nada menos que perfeito. Também gostaria de observar que esse hábito seria uma aquisição bem-vinda para qualquer cultura, em especial uma cultura como a nossa. Estou, é claro, totalmente ciente de que muita gente *gosta* de notícias — que são consideradas importantes, informativas e até mesmo divertidas. Para essas pessoas posso dizer apenas: vocês estão erradas. Longe de mim querer ser grosseira com vocês — isso jamais. Estou muito disposta a desenvolver melhor esse assunto. Para que vocês possam compreender perfeitamente o que está equivocado em sua opinião, vamos analisar cada um desses atributos separadamente.

Importantes

Quando vamos examinar um conceito como *importante*, é sempre de bom-tom se perguntar: "Para quem?". Assim, poderemos abordar o problema de forma mais direta. Você perceberá quase de imediato que esse "quem" provavelmente não somos nós. Para chegar a essa conclusão, basta que você se faça as seguintes perguntas:

1. Antes de sair para trabalhar, eu visto um blazer colorido com o bolso decorado por um número?
2. Uma vez vestido assim, eu me sento diante de uma longa bancada sinuosa e faço piadas sobre atletas aposentados e mulheres que pertencem a minorias?
3. Eu interrompo periodicamente essas interações para olhar para uma câmera e relatar num tom de voz autoritário, embora amigável, atos desagradáveis praticados por pessoas horríveis?
4. Posso enumerar entre as minhas colegas pelo menos uma que construiu sua carreira vestindo-se como dona de casa e comprando produtos caseiros perigosos?

Se as suas respostas forem não, acho que podemos concordar que, no que diz respeito às notícias, "importante" não é o adjetivo mais adequado. A menos, é claro, que você ganhe a vida entregando jornais de bicicleta, pois aí as notícias *são* importantes, mas só para você.

Informativas

De um ponto de vista literal, notícias *são* informativas na medida em que elas de fato fornecem informações. Desse modo, as perguntas que você deve fazer sobre isso são:

1. Eu quero essa informação?
2. Eu preciso dessa informação?
3. O que esperam que eu faça com ela?

Resposta à pergunta número 1

Não. Se alguém fica sabendo que um cientologista com um defeito genético tentou matar o vice-presidente da associação da juventude do Texas com uma besta, eu preferiria que essa pessoa guardasse a informação para si.

Resposta à pergunta número 2

Não. Se três ferreiros psicopatas desempregados sequestraram a filha do inventor da tinta à base de chumbo e estão ameaçando ler o livro da Erica Jong *Medo de voar* para ela em voz alta até que um cavalo seja entregue para cada residente do Condado de Marin, não consigo ver como ficar sabendo disso me ajudaria a encontrar um apartamento maior e mais barato num bairro melhor.

Resposta à pergunta número 3

Não tenho a menor ideia.

Divertidas

Durante as minhas pesquisas sobre o assunto, assisti a uma quantidade razoável de notícias na TV e li alguns jornais. Não ri nem uma vez.

Para ser completamente justa, apresento duas situações em que considero que notícias podem ser aceitáveis. Uma delas existe. A outra não. Naturalmente, a que existe é muito menos aceitável do que a que não existe. E esta é, provavelmente, a melhor definição de "realidade" que você encontrará por aí.

Notícias no rádio

Notícias no rádio são toleráveis. Isso se deve ao fato de que, enquanto as notícias estão sendo transmitidas, o radialista não pode falar.

Notícias personalizadas

Walter Cronkite aparece na tela. Seu olhar transmite alguma seriedade, embora também certa dose de bom humor. Um leve sorriso parece se formar nos cantos de sua boca. Ele começa. "Boa noite, Fran. Hoje, enquanto você ficou deitada no sofá lendo edições antigas da *Vogue* inglesa e bebendo água Perrier, seu livro se escreveu sozinho. Tudo indica que ele ficou perfeito. Uma fonte ligada ao *New York Times Book Review* disse que o livro é 'esplêndido, brilhante, engraçado e sem dúvida será um sucesso'. Um membro respeitável de Hollywood — sim, Fran, nós fomos atrás dessa pessoa especialmente para você — revelou que uma disputa violenta está sendo travada pela aquisição dos direitos para o cinema, e vários membros da indústria temem que isso possa gerar um precedente perigoso. Nas notícias locais, Lauren Bacall convocou uma comitiva de imprensa para anunciar que quer trocar de apartamento com você, e um especialista no assunto vazou a informação de que todos os artistas conceituais de Nova York estão de mudança para Berlim. Bom, Fran, essas foram as notícias do dia. Vejo você amanhã à noite, quando as coisas estarão ainda melhores."

Parte 2
Estudos sociais

Pessoas

Pessoas

Pessoas (um grupo que, na minha opinião, atraiu desde sempre um volume desproporcional de atenção) costumam ser comparadas a flocos de neve. Essa analogia serve para insinuar que cada indivíduo é único — que não existem dois iguais. Evidentemente, isso não é nem de longe verdade. Pessoas, mesmo com o índice atual de inflação — na verdade, em especial com o índice atual de inflação —, podem com facilidade ser compradas às dúzias. Também quero me antecipar e afirmar que a sua única semelhança com um floco de neve é sua invariável e lamentável tendência a derreter após uns poucos dias de calor.

Eu sei que essa, embora não seja uma opinião especialmente popular, também não é exatamente nova. Acredito, entretanto, que é a primeiríssima vez que ela é expressa acompanhada pela intenção de corroborá-la com evidências muito bem documentadas. Em outras palavras, todo mundo gosta de falar sobre pessoas, mas ninguém faz nada a respeito delas.

O que eu decidi fazer é demonstrar que, exceto em casos muitíssimo raros, as pessoas são praticamente todas iguais. Todas gostam das mesmas coisas, possuem os mesmos nomes e usam o cabelo do mesmo jeito. Esse não é um fenômeno moderno, mas algo que pode ser verificado ao longo de toda a história. Isso pode ser demonstrado de forma clara e ordenada da seguinte maneira:

I. O que as pessoas dizem

Abaixo você encontra um registro completo e integral de todas as conversas do público geral desde tempos imemoriais:

A. Oi, como você está?
B. Eu não.
C. Bom, agora você sabe como eu me senti.
D. Você se importa se eu passar na sua frente? Eu só tenho uma coisa para pagar.

II. Como as pessoas são chamadas

Isso varia de acordo com a época, porém, em qualquer período que você quiser analisar, quase todo mundo terá o mesmo nome. O Zé-Ninguém simplesmente se transformou numa Jennifer-Ninguém — em diversos sentidos.

III. Como as pessoas usam o cabelo

Quando o assunto é cabelo, as possibilidades felizmente não são infinitas. E embora isso possa soar como novidade para narradores esportivos e cabeleireiros, ainda assim é um fato. As evidências são brutalmente conclusivas, e esta lista é prova disso:

Pessoas que têm ou tiveram quase o mesmo corte de cabelo
A. Victor Hugo e Sarah Caldwell
B. William Wordsworth e Frank Lloyd Wright
C. W. B. Yeats e David Hockney
D. Jean Cocteau e Eli Wallach
E. Johan August Strindberg e Katharine Hepburn
F. Pablo Picasso e meu avô materno, Phillip Splaver

Tudo que está escrito acima é verdade; e se você não acredita em mim, pode ir atrás e ver com seus próprios olhos.

Agora que já aprendemos essas lições básicas, a maioria de vocês provavelmente está se perguntando "Bom, então em que ponto as pessoas diferem umas das outras?". Existem duas respostas para essa pergunta. Em primeiro lugar, todo mundo tem um tamanho de pé diferente — sim, pode até dizer que é único. Na verdade, não existem dois pés exatamente iguais — nem mesmo, como você provavelmente acaba de descobrir, os seus. Cada pé humano tem o seu próprio tamanho inimitável, o seu próprio formato e a sua própria personalidade. *Pés* são como flocos de neve. São seus pés, mais do que qualquer outra coisa, que fazem de você quem você é, e os pés de ninguém são iguais aos seus.

A segunda coisa que o distingue, que faz com que você se destaque da multidão, é que cada pessoa neste mundo gosta dos seus ovos preparados de maneira diferente e especial. Quando o assunto é ovo, cada um tem a sua própria preferência sutil, seu próprio gosto individual. Então, da próxima vez que alguém lhe perguntar como você prefere os seus ovos, fale a verdade. Afinal de contas, só se vive uma vez.

É neste ponto que muitos de vocês devem estar pensando que o estado das coisas da maneira como foi descrito é de fato uma tristeza. Você pode estar se perguntando: as coisas não seriam muito melhores, se, digamos, as preferências em relação aos ovos fossem padronizadas, mas a conversação tivesse um pouco mais de variedade? Sim, sem dúvida as coisas seriam muito melhores e, embora exista uma solução para esse problema, ela só pode ser implementada por meio de um gigantesco esforço mútuo. A solução é a seguinte: eu dou um curso rápido para melhorar o nível geral de conversação se todos vocês conseguirem concordar com uma maneira universal de preparar ovos. Estou ciente, é claro, das dificuldades que um grupo tão diverso e com tamanhos de pés tão variados terá para chegar a tal acordo, mas se vocês prometerem pelo menos tentar, eu também farei o meu melhor.

Mas antes de abordar os aspectos mais significativos e abrangentes da conversa, estou com a impressão de que algumas palavrinhas sobre o tema "se esforçar demais" podem vir a calhar.

Se esforçar demais

Um praticante de conversa que ultrapassa seus limites é alguém cujo conhecimento excedeu seu alcance. Isso é totalmente possível, embora não seja lá muito atrativo.

* * *

Pensamento original é como o pecado original: ambos aconteceram antes de você nascer e com quem você não tem a menor possibilidade de ter conhecido.

Aspectos mais significativos e abrangentes

Pessoas superiores falam sobre ideias; pessoas ordinárias falam sobre coisas; e pessoas inferiores falam sobre vinho.

* * *

Uma conversa educada raramente é uma dessas duas coisas.

* * *

Botar tudo para fora é tão elegante quanto a expressão sugere.

* * *

Durante um jantar, nunca fique declinando nomes de pessoas famosas que você conhece. A única coisa pior que encontrar uma mosca em sua sopa é encontrar uma celebridade.

* * *

A única resposta adequada para a pergunta "Posso ser franco?" é: "Sim, se eu puder ser o Mussolini".

* * *

Dizer para uma pessoa que ela está com um aspecto saudável não é um elogio — é uma segunda opinião.

* * *

Passar a impressão de que você está prestando atenção de verdade é como serrar uma garota ao meio e depois montá-la de volta: raramente pode ser feito sem o uso de espelhos.

* * *

O contrário de falar não é escutar. É esperar.

Como não se casar com um milionário:
Um guia para quem quer se dar mal

O casamento recente de uma herdeira grega famosa com um comunista russo desempregado trouxe à tona a especulação de que podemos, de fato, estar testemunhando o surgimento de uma nova tendência. Não se pode descartar a hipótese de que se casar com alguém de uma classe muito inferior à sua possa, em breve, se tornar a nova mania romântica entre os podres de rico — com uma amplitude que vai dos levemente menos ricos até os verdadeiramente pobres. Se isso de fato se confirmar, nossos irmãos mais abastados sem dúvida necessitarão de conselhos práticos e de uma orientação cautelosa. Sendo assim, lhes proponho o seguinte curso de formação:

1. Onde os mais pobres se reúnem

Conhecer uma pessoa mais pobre é o primeiro problema, uma vez que todos os caminhos convencionais para esse tipo de encontro estão fechados para você. Uma pessoa mais pobre não estudou com o seu irmão, não fundou um consórcio de corridas de cavalo com o seu gerente de investimentos nem perdeu graciosamente para você em Deauville. Essa pessoa não compartilha do seu interesse estético pela joalheria pré-colombiana, da sua mania de infância de provocar os cozinheiros nem dos seus conhecimentos sobre o valor das terras em Gstaad. Sendo assim, é altamente improvável que essa pessoa mais pobre seja alguém com quem você vá apenas topar por aí. Você precisa procurar por essa pessoa ativamente. E para isso precisa conhecer tanto os seus hábitos quanto a sua rotina diária:

A. A espinha dorsal do sistema de transporte público *é* a pessoa mais pobre, que, quando precisa ir a algum lugar, opta em geral por usufruir da animada camaradagem encontrada nos ônibus e no metrô. Caso escolha esse método, tome muito cuidado para não revelar sua identidade fazendo, de maneira constrangedora e desnecessária, um sinal para chamar o metrô ou se referindo ao motorista do ônibus como "capitão".

B. A pessoa mais pobre realiza ela mesma a maior parte de suas tarefas pessoais. Por isso, ela pode ser facilmente encontrada indo a supermercados ou lavanderias, comprando eletrodomésticos, buscando receitas médicas e retornando garrafas vazias. Essas tarefas podem ser realizadas em diversos estabelecimentos espalhados pela cidade que são totalmente abertos ao público — o que, se você quiser, pode incluir você.

C. De modo geral, a pessoa mais pobre passa o verão no mesmo lugar onde passa o inverno.

D. A menos que seja uma pessoa extremamente pobre (por exemplo, alguém que recebe uma pensão do governo), ela passará uma parte substancial do dia ou da noite no trabalho, que pode ocorrer em diversos lugares: lojas, escritórios, restaurantes, casas, aeroportos ou no banco da frente de um táxi. Talvez com exceção desta última, você tem acesso fácil e frequente a todos esses lugares — uma circunstância que pode, muitas vezes, ser usada a seu favor, pois oferece uma oportunidade para fazer o primeiro contato fundamental.

ii. Quebrando o gelo com as pessoas mais pobres

Ao abordar uma pessoa mais pobre você pode empregar, é claro, as mesmas táticas que usaria ao abordar alguém em um pé de igualdade maior com você. Charme, humor, bom senso, contato visual, o bom e simples calor humano, fingir interesse nos sentimentos mais íntimos do outro — tudo isso pode ser útil para estabelecer uma conexão. Essas estratégias, entretanto, também têm os seus riscos, pois estão todas sujeitas a erros de interpretação e com certeza não se pode confiar inteiramente nelas para atingir resultados imediatos. Pessoas mais pobres, por serem, infelizmente, não apenas mais pobres, mas também pessoas, são esquisitas; elas também têm suas oscilações de humor, seus pontos fracos, suas reações negativas. Sendo assim, suas respostas às ações listadas acima podem ser erráticas e não exatamente o que você estava esperando. Contudo, não desanime, pois é nesse momento que a sua posição de pessoa mais rica pode ser mais bem aproveitada, e quem sabe possa até lhe garantir um sucesso quase instantâneo na tentativa de conhecer a pessoa mais pobre com maior profundidade.

Dê um presente caro para a pessoa mais pobre: um carro; uma casa; uma televisão em cores; uma mesa de jantar. Uma coisa bonita. Pessoas mais pobres, sem exceção, amam isso. Compre algo assim de presente e ela definitivamente gostará de você o suficiente para, pelo menos, começar uma conversa.

III. O que não dizer às pessoas mais pobres

É nesse ponto que você precisa ter o máximo de cuidado para não perder tudo o que conquistou de forma árdua. Costuma ser justamente numa conversa real com uma pessoa mais pobre que até o aluno mais aplicado e consciente acaba derrapando.

Após ter sido amaciada com um presente generoso, a pessoa mais pobre estará, de fato, num clima mais expansivo, até mesmo amigável. Porém ela ainda não está completa e irrevogavelmente na sua; ainda é possível pisar nos calos dela e aniquilar todos os seus esforços anteriores. Um comentário impensado, uma pergunta inoportuna, uma referência inadequada — tudo isso pode ofender a pessoa mais pobre de tal maneira que ela acabe se afastando completamente de você. Abaixo estão listados alguns exemplos do tipo de coisa que você precisa se esforçar ao máximo para evitar dizer:

A. É seu o Daimler azul que está bloqueando a entrada dos carros?
B. ... no fim das contas, claro, quem leva a culpa é sempre o maior acionista.
C. Eu te ligo por volta do meio-dia. Você vai estar acordado?
D. Quem você pensa que é, afinal? Lucius Beebe?
E. Não acredite no que eles dizem, esses garçons ganham uma fortuna.
F. Ah, um uniforme. Que excelente ideia.

IV. Glossário rápido de expressões
utilizadas por pessoas mais pobres

liquidação — Um evento corriqueiro para o setor de varejo, durante o qual o preço das mercadorias é reduzido. Não confundir com *liquidação de ativos*, que é, em todo caso, uma excelente expressão para nunca ser usada em meio a pessoas mais pobres.

bolo de carne — Uma espécie de patê endurecido e maravilhoso. Às vezes é servido quente.

excesso de trabalho — Uma sensação devastadora de cansaço; exaustão; fadiga. Semelhante a um jet lag.

aluguel — É jogar dinheiro fora. Comprar é muito mais barato.

Os quatro insaciáveis:
Um apelo comedido

Angela de G.

Está tudo calmo agora no apartamento quase devastado no East River. Lonas espalhadas cobrem o piso de taco severamente machucado. Escadas sujas de tinta parecem esqueletos em meio à penumbra lúgubre causada pela ausência de uma eletrocalha. Tons de cinza esquecidos mancham tristemente a parte inferior de uma parede. Amostras de tecido abandonadas numa confusão de verdes-limão e pretos impenetráveis estão jogadas em cima de um divã completamente destroçado. Está tudo calmo agora. Sim. Agora. Mas, para Angela de G., a ocupante dessas ruínas cavernosas, a calmaria momentânea não passa de um breve interlúdio. Uma parcela preciosa de serenidade num mundo virado de cabeça para baixo. Um mundo que se tornou caótico e incerto. Um mundo de terror e desolação. Um mundo de desespero.

Angela de G. está no meio de uma reforma.

Sem grande alarde, a mulher se senta vestida num enorme suéter cor de café que é grande demais para a sua figura esguia. Um suéter tão volumoso e desajustado que é quase impossível ouvir o que ela fala — um suéter que, infelizmente, ela não tinha como recusar, não importava o quanto o corte era terrível, o quanto a cor não a valorizava, o quanto aquela peça era inadequada ao seu estilo de vida.

Foi um presente do estilista.

Mas Angela de G., enquanto olha pela janela para o desolado bairro do Queens, do outro lado do rio turvo e congelante, parece não prestar muita atenção em sua roupa. Sua crise atual é tão intensa que foi capaz de engolir sua depressão, e é quase — quase — como se suas roupas não tivessem mais a menor importância.

Quando Angela de G. fala, na mesma hora fica evidente o conflito em sua voz — baixa em volume, porém alta em agonia, enquanto ela vai despejando sua ladainha de tragédias —, uma história muito familiar para nós que trabalhamos no serviço social. Embora familiar, ainda assim é uma história dilacerante, pois a dor de Angela de G. é real, e o fardo que ela carrega é pesado. Então, você pode escutar e você pode ouvir. Ouvir tudo — a discussão intensa entre o decorador e o arquiteto, a arrogância do designer de iluminação, os pedreiros que se atrasam, os pintores que são desleixados. As horas extras, o adicional do fim de semana, a surpresa ao descobrir que determinadas datas são feriados oficiais. Sim, você pode escutar, você pode ouvir, e não tem mais muita coisa que você possa fazer. Hesitante e ciente demais da insignificância de sua ajuda, da terrível inadequação de sua própria habilidade para lidar com uma situação como aquela, o que você consegue oferecer, no fim das contas, é algum conforto vazio. O nome de um senhorzinho que é maravilhoso com taco. O telefone de um encanador não sindicalizado em Newark. A esperança de que um dia ela encontre um instalador de cortina que saiba o que está fazendo. Sim, você tenta. Você faz um esforço, faz de conta que está tudo bem. Mas você sabe, no fundo, que vai ser preciso muito mais do que isso. Que ajuda externa será necessária. E muito necessária.

Angela de G. está no meio de uma reforma.

Por favor, você poderia ajudá-la?

Leonard S.

Leonard S. está só. Muito só. Completamente só. Sim, Leonard S. está sozinho agora. Não foi sempre assim. Um dia isso já foi diferente. Muito diferente. Até a noite passada, na verdade. Mas, agora, tudo isso mudou. Tudo isso acabou. Pois esta manhã, quando Leonard S. acordou, ele se deparou com uma tragédia que já temia havia muito tempo. Christopher R. tinha ido embora. Sim, Christopher R., o querido, carinhoso e lindamente proporcionado Christopher R. tinha ido embora e Leonard S. estava só. Christopher R., todavia, não estava só. Ele estava com todo o dinheiro de Leonard S., metade de seu guarda-roupa, seu aparelho portátil de TV em cores e sua linda ilustração de Ingres.

Leonard S. espera que Christopher R. esteja feliz agora.

Feliz com a maneira como tratou Leonard S. Feliz com as mentiras, as desilusões, as traições. Feliz com a maneira como usou Leonard S. — seus contatos, o número do seu cartão de crédito, sua conta na Paul Stuart's. Feliz com a sua arrogância adolescente, feliz com a sua ingratidão indescritível, feliz com a sua linda ilustração de Ingres.

Leonard S. não está feliz. Está deprimido. Está exausto e enojado. Está com dor de cabeça. Suas ilusões foram destruídas. Sua confiança foi violada. Ele não tem vontade de sair para trabalhar. Ele é um homem devastado como 1 milhão de outros homens devastados numa cidade fria e insensível. Está no fundo do poço. Soterrado pela tristeza. Ele simplesmente não consegue encarar o estúdio hoje.

Leonard S. fala, e sua dor é uma coisa terrível de testemunhar. Leonard S. amava Christopher R. Cuidava dele, preocupava-se com ele, o apoiava. Leonard S. achou que Christopher R. fosse leal. Achou que fosse decente, que fosse diferente. Diferente dos outros. Diferente de Timothy M., John H., Rodney

W., David T., Alexander J., Matthew C., Benjamin P. e Joseph K. Diferente de Ronald B., de Anthony L. e de Carl P. Mas ele estava errado. Muito errado.

Agora ele sabe disso.

Ele deve ter ficado cego. Deve ter ficado louco. Deve ter perdido a cabeça.

O telefone toca.

Leonard S. termina a ligação e fica claro que uma nova tragédia o acometeu. Ele se serve de uma bebida. Suas mãos tremem. Seus olhos são duas piscinas de angústia. Ele mal consegue falar, mas aos poucos a história sórdida vai sendo contada. Ele havia sido traído duplamente. A pouca fé que ainda lhe restava agora também o havia deixado. Christopher R. está a caminho de Los Angeles. Com o coração de Leonard S. Com todo o dinheiro de Leonard S. Com metade do guarda-roupa de Leonard S. Com o aparelho portátil de TV em cores de Leonard S. Com a linda ilustração de Ingres de Leonard S.

E com Michael F., o assistente de Leonard S.

Leonard S. diz que está acabado. Que tudo terminou. Diz que nada significa mais coisa alguma para ele — absolutamente nada. Mas, talvez, ainda haja alguma esperança. Talvez *você* possa ajudar. Todas as contribuições serão estritamente confidenciais. Seu anonimato está garantido. Jamais ousaremos dizer o seu sobrenome.

Sr. e sra. Alan T.

Um dia, aqui já houve risos. Música também. Festas. Comemorações. Bufês.

Diversão.

Porém, agora, resta apenas tensão nessa casa em estilo Tudor em Bel Air. As pessoas que moram nela estão exauridas. Nervosas. Estão fazendo o melhor que podem, mas a pressão é intolerável e as exigências, inacreditáveis. Elas estão sofrendo as consequências agonizantes de seus erros de julgamento. De seus cálculos equivocados. Seus maus negócios.

Elas interpretaram o público da maneira errada.

Houve um momento em que isso parecia impossível. Quando o sr. e a sra. Alan T. estavam na crista da onda. A melhor e mais esperta equipe de produtores da cidade. Certeiros, infalíveis, impecáveis. Direitos de imagem, grandes bilheterias, porcentagens sobre a arrecadação bruta, não líquida. O sr. e a sra. Alan T. dominavam tudo. Os dedos de cada um sentindo o pulso dos Estados Unidos. O sr. e a sra. No Lugar Certo Na Hora Certa. Sempre precisos. Juventude rebelde quando os Estados Unidos queriam juventude rebelde. *Blaxploitation*. Nostalgia. Amizade masculina. O oculto. Eles previram todas as tendências. Sempre na mosca. Todas as vezes. Eles tinham contatos. Tinham respeito. Tinham poder. Tinham ao mesmo tempo quatro Mercedes zero-quilômetro. Uma cor de chocolate. Uma branca. Uma prateada. Uma bordô. Tudo quitado, com os cumprimentos do estúdio.

Então, tudo começou a desmoronar. Um erro aqui, um equívoco ali. Coisas pequenas, no começo: levaram um filme cedo demais para as salas de cinema; deram para um diretor de vinte anos um orçamento que ele não conseguiu gerenciar; contrataram um editor alcoólatra; deram para uma beldade em começo de carreira um papel muito maior que ela. Críticas ruins. Filmes que entram em cartaz em drive-ins.

A Mercedes bordô foi a primeira a ser vendida. Depois foi a branca. O sr. e a sra. Alan T vivem um tipo de desespero que pouquíssimos de nós são realmente capazes de entender. Eles são como um cervo ferido, vítimas de uma doença que corrói a alma. Eles se sentam um na frente do outro e ficam se encarando num silêncio funesto. Eles sabem que é apenas uma questão de tempo. Sabem que a prateada será a próxima. E que até mesmo a cor de chocolate terá de ir. Eles torturam a si mesmos e um ao outro. Essa é uma situação ainda mais difícil de suportar, pois essas pessoas, que um dia já foram orgulhosas, a enxergam como algo que elas provocaram para si mesmas. Um horror implacável autoinduzido.

O sr. e a sra. T. perderam o bonde da ficção científica.

Eles nem imaginam como isso foi acontecer. Todos os sinais estavam ali: livros vendendo como pão quente; convenções gigantescas de entusiastas do futurismo; histórias em quadrinhos; brinquedos. Uma tendência prestes a estourar. Uma mina de ouro. Uma máquina de dinheiro. Todo um novo território a ser explorado. E onde eles estavam? Eles respondem à sua pergunta com uma mescla horripilante de aflição e ódio por si mesmos. Estavam num set de filmagem, envolvidos com uma bomba sobre um yorkshire terrier possuído pelo demônio. Aquilo era o mesmo que ler os jornais de ontem, publicar fotos da Coelhinha do Mês de janeiro na *Playboy* de fevereiro.

Você poderia ajudá-los? Você teria como ajudar o sr. e a sra. Alan T.? Por favor, tente. Faça uma oferta a eles. Dificilmente eles a recusariam. Será que seriam capazes?

Kimberly M.

Kimberly M. está parada sozinha num terminal de um aeroporto. Uma figura solitária. Está olhando para a esteira de bagagens vazia girando sem parar, como um carrossel. Ela sabe que aquilo não adianta nada. Já está ali há quatro horas. Ela já esperou. Já falou com todos eles: os funcionários, a equipe de solo e até mesmo, cega pelo pânico, com a aeromoça. Suas esperanças foram lá no alto apenas para depois despencarem. Sua bagagem, ela sabe, já era. Todas as sete malas. Tinham sido um presente de sua vó. Eram da Louis Vuitton. Das antigas. Das legítimas.

Quando ainda eram feitas de couro.

Ela não conseguia acreditar que aquilo estava acontecendo com *ela*. Devia ser um pesadelo terrível do qual ela logo acordaria. Não podia ser real. Mas quando Kimberly M. escutou a voz metálica anunciando os voos atrasados e cancelados, soube que aquilo não era nem alucinação, nem sonho. Eles realmente perderam as suas malas. Ela não tem a menor ideia de onde possam estar. Será que foram pegas por engano? Estão num táxi, voltando para a cidade? A caminho de Cleveland? Despachadas para Hong Kong? Talvez ela nunca saiba.

Seus suéteres da Sonia Rykiel já eram. Sua camisa favorita do Kenzo. Seu novo estoque da Clinique já era. Seus sapatos da Maud Frizon. Suas botas Charles Jourdan já eram. Sua agenda já era. Sim. Sua agenda. Já. Era.

Kimberly M. está parada sozinha num terminal de um aeroporto. Uma figura solitária. Está olhando para a esteira de bagagens vazia girando sem parar, como um carrossel.

Kimberly M. perdeu sua bagagem. Tenho certeza de que você pode emprestar alguma de suas malas para ela.

LEMBRE-SE DOS INSACIÁVEIS!

Orientação parental

Como sugere o título, este texto é voltado para aqueles entre nós que se dedicaram à tarefa da reprodução humana. E embora eu esteja ciente de que muitos de meus leitores só reconhecem o ato da reprodução quando ele se refere a um guarda-roupa Luís XV fabricado há pouco tempo, mesmo assim acredito que determinadas coisas não podem deixar de serem ditas. Apesar de eu mesma notoriamente não ter filhos, preciso dizer que possuo algumas opiniões bastante fortes no que diz respeito à criação dos mais jovens. Os motivos para tanto são variados, para não dizer muitíssimo complexos, e vão desde uma preocupação genuína com o futuro da humanidade até o simples desapreço estético.

Como sou consideravelmente menos ignóbil do que as pessoas imaginam, não considero que as crianças sejam de todo responsáveis pelo seu próprio comportamento. Botando tudo na balança, tenho a sensação de que quem precisa carregar esse fardo são os pais. Portanto, num esforço para transformar conhecimento em poder, apresento as seguintes sugestões:

Sua responsabilidade como pai ou mãe não é tão grande quanto você talvez imagine. Você não precisa dar ao mundo alguém que vá curar uma doença ou se tornar um grande astro de cinema. Se o seu filho simplesmente crescer e se tornar uma pessoa que não usa a palavra "colecionável" como substantivo, você já pode se considerar um sucesso completo.

***

Crianças não precisam de dinheiro. Afinal de contas, elas não precisam pagar o aluguel nem enviar telegramas. Sendo assim, sua mesada deve ser apenas o suficiente para custear chicletes e por vezes um maço de cigarros. Uma criança que possua sua própria caderneta de poupança e/ou aplicações não será uma criança que se intimida muito fácil.

* * *

Uma criança que não seja rigorosamente educada em suas maneiras à mesa é uma criança cujo futuro está sendo jogado no lixo. Uma pessoa capaz de transformar um guardanapo de linho num chapéu de almirante não terá uma demanda social muito intensa.

* * *

A expressão "ator mirim" é redundante. Não tem por que ficar incentivando.

* * *

Não leve seu filho para cortar o cabelo com um cabeleireiro de verdade, num salão de verdade. Nesse momento ele ainda é muito pequeno para ser exposto a tanta antipatia.

* * *

Nunca pergunte num dia de chuva o que o seu filho gostaria de fazer, pois, eu lhe asseguro, o que ele gostaria de fazer você não gostaria de assistir.

* * *

Televisão educativa deveria ser terminantemente proibida. A única coisa que ela produz são expectativas irreais seguidas por uma decepção quando seu filho descobrir que as letras do alfabeto não saltam de dentro dos livros para dançar pela sala com galinhas azuis.

* * *

Se você está de fato comprometido em preparar seu filho para o futuro, não o ensine a subtrair — ensine-o a deduzir.

* * *

Esforce-se ao máximo para evitar nomes ostensivamente bíblicos. Nada revelará suas intenções mais profundas de forma mais evidente.

* * *

Jamais ponha seu filho numa escola progressista que permite que as crianças escrevam nas paredes, a menos que você queira que ele cresça para se tornar um grafiteiro como TAKI 183.

* * *

Se você quer que seu filho faça aulas de alguma coisa, matricule-o na autoescola. Ele tem muito mais chances de se tornar dono de um Datsun do que de um Stradivarius.

* * *

Roupas de grife vestidas por crianças são como macacões de neve vestidos por adultos. Poucos conseguem sustentar esse visual.

* * *

Nunca permita que seu filho o chame pelo seu primeiro nome. Ele não te conhece há tanto tempo assim.

* * *

Não encoraje seu filho a se expressar artisticamente a menos que você seja a mãe do George Balanchine.

***

Não pergunte as opiniões políticas de seu filho. Ele sabe tão pouco quanto você.

***

Não permita que seu filho prepare drinques. Além de ser inapropriado, eles exageram no vermute.

***

Deixar que seu filho escolha os móveis do quarto é como deixar que o seu cão escolha o veterinário.

***

Seu filho está assistindo a muita TV se existe alguma possibilidade de ele ter uma crise de nervos.

***

Não perca seu tempo falando sobre sexo com crianças pequenas. Elas raramente têm algo a acrescentar.

***

Nunca puxe uma arma para uma criança pequena para causar um efeito. Ela não entenderá.

***

Só pergunte ao seu filho o que ele gostaria de jantar se ele for pagar a conta.

Dicas para adolescentes

Todos concordariam que provavelmente não existe nenhum período em nossa vida tão desagradável, tão desinteressante e tão simplesmente impalatável quanto a adolescência. E embora quase todo mundo que entra em contato com um adolescente seja afetado de maneira negativa, ninguém sofre um impacto maior do que o próprio adolescente. Após doze anos ininterruptos sendo considerado fofo, o adolescente está particularmente despreparado para lidar com as duras consequências de uma aparência pessoal inadequada. Quase imediatamente após entrar no 13º ano de vida, uma menininha rechonchuda se transforma numa garota gorducha, e um menino a quem antes se referiam como "pequeno para a idade" descobre que é, na verdade, um garoto baixinho.

Problemas com a beleza física, por mais sérios que possam ser, não são a única coisa que perturbam o incauto adolescente. Questões filosóficas, espirituais, sociais, legais — uma verdadeira multidão de dificuldades o assola todos os dias. Compreensivelmente desconcertado, o adolescente quase sempre se encontra num incessante estado de agonia. Isso, naturalmente, é terrível, até mesmo lamentável. Mesmo assim, é comum que se constate uma certa ausência de empatia em relação às neuroses da juventude. Essa falta de compaixão tem a ver, sem sombra de dúvidas, com a insistência do adolescente em lidar com seus problemas de maneiras demasiado escandalosas. Ele simplesmente está numa idade em que é incapaz de guardar qualquer coisa para si. Por mais efêmero que seja um impulso, por mais cru que seja um sentimento, o adolescente sempre sente a necessidade de compartilhá-lo com quem está ao seu redor.

Esse tipo de comportamento tende, é claro, a produzir um efeito de afastamento. E embora este seja com frequência seu principal objetivo, é difícil evitar reagir a ele com profunda antipatia.

Sendo assim, no intuito de encorajar se não um maior entendimento, pelo menos um maior decoro, elaborei a seguinte lista de conselhos:

Se além de não ser atraente fisicamente você descobrir que não se dá muito bem com as outras pessoas, não tente, em hipótese alguma, amenizar a situação desenvolvendo uma personalidade interessante. Uma personalidade interessante num adulto é insuportável. Num adolescente é com frequência punida por lei.

***

Usar óculos escuros à mesa do café da manhã só é socialmente aceito se você for legalmente cego ou estiver tomando café da manhã no seu quintal durante um eclipse solar.

***

Se as suas posições políticas forem radicalmente diferentes das dos seus pais, tenha em mente que, apesar de ser de fato seu direito constitucional expressar suas opiniões de forma verbal, não é apropriado fazê-lo de boca cheia — em especial se ela estiver cheia da costelinha que foi assada pelo opressor.

***

Pense antes de falar. Leia antes de pensar. Isso lhe fará pensar em coisas que não foi você quem inventou — uma ideia inteligente em qualquer idade, porém mais ainda aos dezessete anos, que é quando você corre o maior risco de chegar a conclusões irritantes.

***

Tente extrair algum conforto do fato de que se o seu orientador vocacional tivesse utilizado o potencial *dele* ao máximo, ele não estaria trabalhando até hoje num colégio.

***

A adolescência é um período repleto de ameaças, mas nenhuma é tão perigosa quanto aquela que se manifesta numa tendência a considerar o cinema um formato artístico relevante. Se você compartilha ou está prestes a compartilhar dessa opinião, talvez eu possa lhe economizar alguns anos de pretensão insuportável fazendo a seguinte pergunta: se os filmes (ou o cinema, que é como você provavelmente se refere a eles) possuíssem de fato uma natureza tão séria e elevada, seria minimamente aceitável que eles fossem exibidos num lugar que vende Fanta e jujubas?

***

É nesse ponto de sua vida que você dedicará a maior quantidade de tempo e atenção para as questões relativas ao sexo. Isso não apenas é aceitável como, na verdade, deveria ser estimulado, pois é o último momento em que o sexo será realmente excitante. Os mais visionários podem querer cultivar interesses complementares para que tenham alguma coisa para fazer quando ficarem mais velhos. Eu recomendo, pessoalmente, fumar cigarros — um hábito que tende a ser muito duradouro.

***

Já que estamos falando de cigarros, não se esqueça de que a adolescência é também o último momento em que você pode, possivelmente, ser perdoado pela preferência específica por uma marca capaz de gerar comentários por causa do formato exótico, da cor ou da embalagem.

***

A menina na sua turma que sugeriu que este ano o Clube de Teatro deveria encenar *A cantora careca* será uma pedra no sapato das pessoas pelo resto da vida.

* * *

Caso você seja um adolescente abençoado por uma beleza incomum, documente essa situação com o uso de fotografias. Esse é o único jeito de as pessoas acreditarem em você nos anos seguintes.

* * *

Evite o uso de drogas sempre que possível. Embora elas possam proporcionar nessa fase sensações agradáveis, elas não costumam ser o tipo de coisa que no futuro (isso se você *tiver* um futuro) será muito útil para a aquisição de abatimentos polpudos em seu imposto de renda ou para a compra de propriedades de frente para o mar.

* * *

Se você reside num estado no qual a maioridade legal é atingida ainda durante a adolescência, faça de conta que isso não aconteceu. Não existe nenhum adulto que gostaria de estar atrelado, por um contrato, a uma decisão tomada aos dezenove anos de idade.

* * *

Lembre-se de que a adolescência é a última fase da vida na qual você ficará feliz ao saber que uma ligação é para você.

* * *

Mantenha-se firme em sua convicção de não prestar atenção na aula de álgebra. Na vida real, lhe asseguro, a álgebra não existe.

Em casa com Papa Ron

É um dia frio, o céu está limpo e o sol resplandece, refletido nos campanários da Basílica de São Pedro — a cena toda é tão impressionante e monumental como nunca —, porém eu mal presto atenção ao atravessar a praça apressada, pois estou atrasada para a minha entrevista e, como qualquer jornalista que se preza sabe, papas não gostam de ficar esperando. Entro no Vaticano sem fôlego, noto rapidamente que o membro da Guarda Suíça é bastante atraente, e sigo em direção aos apartamentos papais, onde devo me encontrar com o homem que conseguiu essa entrevista — o cardeal mais próximo ao papa.

"Oi", diz um sujeito alto e esguio que eu diria estar com trinta e poucos anos, "Eu sou Jeff Cardinal Lucas, mas pode me chamar de Jeff." Jeff me estende a mão de forma amigável e eu, por não ser católica, fico um pouco perdida, sem saber o que fazer. Nesse momento sou salva do que poderia com facilidade ter se transformado numa situação extremamente constrangedora por uma voz rouca masculina. "Jeff, Jeff, se é a garota da revista, diga a ela que a encontrarei num minuto. Estou só terminando minha encíclica."

Fiel à sua palavra, sessenta segundos depois me deparo com um homem alto, com o cabelo um tanto desgrenhado, os cílios surpreendentemente longos e um sorriso entusiástico levemente jocoso. "Oi", ele diz, no mesmo vozeirão assombroso que eu tinha ouvido um minuto atrás. "Eu sou o Sumo Pontífice, mas pode me chamar de Ron — todo mundo me chama assim."

Para minha grande surpresa eu realmente o chamo assim, e com *facilidade*, uma vez que a hospitalidade genuína do Papa Ron é muito contagiante. Em pouco tempo já estamos sentados de modo confortável num sofá de couro grande e antigo, jogando conversa fora como se fôssemos amigos de longa data. Logo em seguida se junta a nós Sue, sua delicada esposa loura de cachinhos pré-rafaelitas e dedos compridos e pontiagudos, e Dylan, o filho pequeno do primeiro casamento do papa.

Confiro meu gravador para me assegurar de que está tudo funcionando e pergunto a Ron se ele gostaria de começar me contando um pouco sobre a sua vida pessoal, o que ele faz para relaxar — para fugir das pressões da santidade e da infalibilidade.

"Bom", diz Ron, "primeiro eu gostaria de dizer que esta é, no fim das contas, uma nova Igreja, e as coisas estão muito mais relaxadas por aqui. Quer dizer, eu tento me adaptar aos outros. Entender e considerar pontos de vista diferentes dos meus. Crescer. Evoluir. Explorar as diversas regiões do pensamento. Sabe, eu tenho uma espécie de lema que acabou se revelando tremendamente útil para mim nesse cargo. Um lema que, na minha opinião, ajudou muito a Igreja a se tornar de fato relevante. Na verdade, a Sue gosta tanto dele que fez isto aqui para mim." Ron abre suas vestes, revelando uma camiseta de algodão branco com a frase INFALÍVEL, PORÉM NÃO INFLEXÍVEL bordada em vermelho. "É claro", prossegue o pontífice, "que isso é apenas um protótipo. Assim que Sue terminar a urna na qual ela está trabalhando agora — sabe como é, ela é incrível manejando uma roda de oleiro —, ela vai bordar camisetas para todo o Colégio dos Cardeais."

"Quando eu quero relaxar, bom, uma das coisas que eu gosto muito é fazer trabalhos manuais. Quer dizer, uma coisa que realmente desperta a humildade de um ser humano, até mesmo de um papa, é ter contato direto com as matérias-primas da natureza. Está vendo aquele cetro ali? Eu levei seis meses para esculpi-lo a partir de um jacarandá, mas valeu a pena porque, como fui eu quem o fiz, sinto que ele é de fato uma parte de mim, que é de fato meu." Ao ouvir isso, Sue sorri com orgulho e dá um beijinho no anel de Ron. É fácil perceber que eles formam um casal bastante feliz.

"Eu faço outras coisas também, umas coisas aqui no palácio. Sue e eu fazemos essas coisas juntos, e até o Dylan ajuda, não é mesmo, Dyl?", pergunta Ron de forma paternal enquanto afaga os cabelos do filho. "Quer dizer, você não acreditaria como era este lugar quando a gente se mudou para cá. Incrivelmente formal, incrivelmente elaborado, incrivelmente sisudo. E é um lugar tão grande que a gente mal começou a arranhar a superfície. Mas uma coisa que a gente fez — acabamos agora mesmo, semana passada, eu e Sue fizemos juntos, é claro — foi limpar as paredes da Capela Sistina deixando direto no tijolo original, e ficou lindo, bem acolhedor, bem básico."

Bebemos um pouco de chá de hortelã enquanto assistíamos, com grande deleite, o pequeno Dylan experimentando a mitra de seu pai. Junto-me às risadas suaves quando o enorme adorno de cabeça escorrega, engolindo sua cabecinha. "Agora, a minha próxima pergunta, Ron, e eu sei que você vai me responder com sinceridade — quer dizer, isso eu não preciso nem dizer. O papa é católico?"

"Olha", ele diz, "se você está se referindo a mim especificamente, quer dizer, eu *pessoalmente*, sim, eu sou católico. Mas, sabe como é, essa baboseira antiquada não tem mais lugar aqui. O campo está sem dúvida se abrindo, e o fato de ser católico não influenciou nada na minha eleição como papa. O Colégio dos Cardeais quer alguém que esteja aberto a Deus, alguém que se sinta à vontade com seus sentimentos, alguém, pode-se dizer, que consiga se comunicar, e não apenas excomungar — que é, afinal, uma coisa tão negativa, tão o contrário do tipo de atualização que eu gostaria que a Igreja representasse agora. Sim, a Igreja está se abrindo a todas as possibilidades, e eu não vejo motivos para que, num futuro não muito distante, não vejamos um Papa Rochester, um Papa Elle, até mesmo um Papa Ira.”

"Papa Ira?", pergunto. "Isso não seria meio impossível? Um papa judeu depois desse longo histórico da Igreja dizendo que os judeus mataram Cristo?"

"Olha", pontifica Ron, "o que passou passou. Você sabe que não culpamos mais os judeus pela morte de Cristo. Quer dizer, é claro que eles estavam envolvidos, mas você precisa analisar as coisas de um ponto de vista histórico e, hoje em dia, a Igreja segue a bula que escrevi no ano passado na qual é decretada a aceitação do fato de que eles provavelmente só o importunaram, e foi isso que a minha bula decretou; os judeus *importunaram* Cristo, mas não o mataram de fato.”

Muito aliviada, pergunto a Ron sobre o seu começo, sobre os anos de luta, os anos difíceis que todo jovem apaixonado por cetros precisa suportar — não, precisa superar — se quiser atingir sua elevadíssima meta.

"Sim", diz Ron, "foi duro, foi bem duro, mas também foi divertido. Quer dizer, eu fiz o percurso inteiro, fui até o final, de coroinha ao Grande P. Eu estive no confessionário ouvindo garotinhos falando sobre os seus pensamentos impuros. Eu batizei bebês — esses ainda puros, naturalmente.” Ele dá uma risadinha da sua própria piada. "Organizei jogos de bingo, casei fiéis, cuidei do meu rebanho. Eu fui o cardeal mais jovem a sair da região de Five Towns, em Long Island, e nem sempre foi fácil, mas eu dei algumas risadas ao longo do caminho, e tudo valeu a pena na noite em que me elegeram papa. Eu lembro daquela noite. Tinha uma brisa morna, e Pam e eu — Pam foi a minha primeira esposa — ficamos parados, juntos, observando a fumaça, esperando e esperando. Nove vezes, mas pareceram 1 milhão, até que a fumaça ficou branca, e eu ouvi que eu tinha conseguido. Jesus, aquilo foi lindo, bonito mesmo."

Ron enxuga as lágrimas evocadas pela emoção, mas obviamente não tem vergonha de expressar seus sentimentos, livre da repressão que oprimiu os homens por tanto tempo. Eu menciono isso e Ron fica feliz, talvez até mesmo grato por eu ter notado a sua supremacia sobre valores antiquados e austeros que sempre negaram aos homens o direito aos seus sentimentos.

"Olha", ele diz de forma dogmática, e é fácil de ver que o pontificado não foi desperdiçado neste homem, "estamos todos juntos nessa, você sabe — quer dizer, Sue e eu somos *parceiros*. Nós conversamos sobre tudo, e eu quero dizer tudo mesmo. Eu nem pensaria em emitir um decreto sem discuti-lo com ela primeiro. Não porque ela é minha esposa, mas porque eu respeito a sua opinião; dou valor ao seu julgamento. Várias coisas foi ela quem fez sozinha, como a implementação da hóstia de farinha integral. Quer dizer, essa ideia foi *totalmente* dela. Foi *ela* quem *me* alertou para o fato de que, durante anos, os fiéis vinham envenenando seu organismo com hóstias feitas de farinha refinada. E essa foi apenas *uma* das coisas que ela fez. São centenas — eu não conseguiria nem enumerar todas. É, Sue é realmente de outro mundo. Quer dizer, ela definitivamente conhece os interesses mais profundos dos fiéis. Você tem de acreditar quando eu digo que ela está o tempo todo pensando nos outros. Não é apenas a minha senhora, cara; ela é a *nossa* senhora. E, pode acreditar em mim, não é papo furado: é de coração."

A vida dos santos moderna

SÃO GARRETT, O PETULANTE (morto em 1974): Patrono dos maquiadores, invocado contra inchaços e tons de pele irregulares.

Garrett nasceu em Cleveland em 1955, ou é isso o que ele diz. Seu pai era um operário de fábrica que não se interessava muito pelo filho frágil e delicado. Sua mãe, uma mulher devota, que complementava a renda familiar vendendo cosméticos de porta em porta, talvez tenha sido a maior influência terrena de Garrett.

Desde quando era uma criança muito pequena, Garrett já exibia uma generosidade de espírito quase precoce, oferecendo-se com frequência para fazer "pelo menos os olhos" das mulheres com as quais se deparava. Aos onze anos, todo vestido de algodão raiom, ele caminhou mais de setenta quilômetros no meio de uma terrível nevasca para depositar, nas profundezas de uma floresta, uma oferenda de alimentos para as criaturas do bosque. Hoje, o local em que essa bênção foi deixada é visitado com frequência por romeiros de todas as partes do mundo, e é conhecido como Cherries in the Snow. Também foi mais ou menos nessa época que Garrett operou seu primeiro milagre, corrigindo o formato alargado e carnudo do nariz de uma matrona local sem o uso visível de pó para contorno.

No verão do seu 16º ano, Garrett conheceu um ator de Nova York na rodoviária de sua cidade e, graças às boas ações desse homem (cujo profundo senso de humildade o levou a pedir que permanecesse anônimo), Garrett teve a sua primeira grande revlonação. Tremendo e extenuado, ele se viu diante de uma enorme superfície reflexiva cercada por luzes brilhantes. Viu olhos necessitados, suplicantes. Viu maçãs do rosto sem definição. Viu lábios secos e quebradiços. Viu uma paleta de cores esplêndidas. Ele enxergou o seu destino.

Profundamente inspirado por Garrett, o ator o auxiliou em sua jornada até a cidade de Nova York. Uma vez aqui, Garrett operou o seu segundo milagre ao comprar e mobiliar um luxuoso apartamento apesar de não possuir, aparentemente, nenhum meio de sustento.

Rapidamente se espalharam pela cidade as notícias de que Garrett era capaz de realizar transformações realmente fenomenais. Mulheres que tiveram o privilégio de serem atendidas por ele o chamavam de Abençoado e, em pouco tempo, ele passou a ser Venerado por todos que sabiam de sua existência.

Apesar de sua posição elevada, Garrett praticava a humildade e era visto com frequência em regiões pobres da cidade se portando de forma submissa e executando práticas inferiores e subalternas para outras pessoas. Garrett foi encontrado martirizado no quarto de sua cobertura no East Side no final de uma manhã de domingo.

SANTA AMANDA DE NOVA YORK, SOUTHAMPTON E PALM BEACH (morreu em 1971; debutou em 1951): Patrona dos bem-nascidos, invocada contra a "esnobada", ser obrigado a gastar seu capital e o uso inadequado da palavra "lar".

Filha do sr. e da sra. Morgan Hayes Birmingham IV de Nova York, Southampton e Palm Beach, Amanda nasceu no Doctors Hospital, em Nova York, no dia 3 de janeiro de 1933. Debutou no Gotham Ball e estudou no Convento do Sagrado Coração e no Manhattanville College. Seu avô paterno, Morgan Hayes

Birmingham III, foi membro da Bolsa de Valores de Nova York e fundador da firma Birmingham, Stevens and Ryan. Era descendente do coronel Thomas M. Hayes.

Praticamente desde o seu nascimento, era evidente que Amanda havia sido abençoada com um requinte quase sublime. Durante seu batismo, na igreja St. Ignatius Loyola, ela foi a própria imagem da dignidade infantil e não chorou nem se contorceu, mesmo com uma percepção geral de que o padre que realizou a cerimônia era um novo-rico. Sua infância foi caracterizada por uma atenção quase fanática aos detalhes, e seus poderes milagrosos foram notados pela primeira vez quando, aos três anos de idade, apareceram, muito bem distribuídos por todo o berçário, vasos de Lalique com arranjos perfeitos de flores fora da estação. A segunda indicação desses poderes ocorreu quando Amanda, com apenas nove anos, corrigiu, enquanto participava atentamente de uma de suas aulas de francês em Nova York, uma distribuição dos lugares dos convidados à mesa, feita de forma extraordinariamente indelicada pela secretária de sua avó materna em Hobe Sound.

O martírio de Amanda ocorreu durante uma festa caseira de fim de semana, quando permitiu de forma deliberada que lhe fosse servida, *pela direita*, uma salada de cogumelos selvagens colhidos pelo anfitrião, para não cometer a indelicadeza de recusá-la.

SÃO WAYNE (morto por volta de 1975): Patrono dos filhos do meio, invocado contra as sobras de qualquer pessoa.

Wayne nasceu dois anos depois do seu irmão, o lindo e brilhante Mike, e três anos e meio antes de sua irmã, a adorável Jane. Muito pouca coisa, se é que alguma, de sua vida e sua obra é lembrada, e sua canonização resultou de uma confusão muito peculiar, na qual Mike foi santificado duas vezes e, com sua generosidade característica, concedeu sua santidade extra a Wayne.

SÃO INGMAR-FRANÇOIS-JEAN-JONAS-ANDREW: Patrono dos estudantes de cinema, invocado contra a ida ao cinema por diversão, os detratores de Stan Brakhage e aqueles que renegam a genialidade de John Ford.

São Ingmar-François-Jean-Jonas-Andrew nasceu numa maternidade mal iluminada numa pequena cidade americana igual a todas as outras cidades americanas. Desde a infância, ele sempre foi muitíssimo perceptivo e invariavelmente enxergava camadas de significados que não estavam aparentes para o espectador médio de cinema. Com apenas seis anos, Ingmar-François-Jean-Jonas-Andrew já exibia uma dupla tendência a escrever demais e explicar de menos.

Entre os muitos milagres que são creditados a ele estão a façanha de levar adultos para assistir a um Festival de Filmes de Jerry Lewis e ministrar um curso numa universidade de renome intitulado "A filosofia de Busby Berkeley e a sua influência em Rainer Werner Fassbinder e Robert Bresson".

Em vez de martirizar a si próprio, são Ingmar-François--Jean-Jonas-Andrew mandou um de seus alunos em seu lugar.

Coisas

Coisas

Todas as coisas do mundo podem ser divididas em duas categorias básicas: coisas naturais e coisas artificiais. Ou, como costumam ser mais conhecidas, natureza e arte. Agora, a natureza, como estou bastante ciente, tem lá os seus entusiastas, porém, levando tudo em consideração, não posso ser contada entre eles. Para ser bastante honesta, não sou o tipo de pessoa que gostaria de retornar às suas raízes — eu sou o tipo de pessoa que gostaria de retornar ao hotel. Isso se deve, ao menos em parte, ao fato de que a natureza e eu temos muito pouca coisa em comum. Não frequentamos os mesmos restaurantes, não rimos das mesmas piadas ou, mais importante, não conhecemos as mesmas pessoas.

Esse, contudo, nem sempre foi o caso. Quando criança eu podia ser frequentemente encontrada em ambientes naturais: brincando na neve, passeando no bosque, nadando no lago. Todas essas coisas eram eventos corriqueiros na minha vida cotidiana. Porém aos poucos fui crescendo, e durante esse processo de amadurecimento comecei a perceber alguns dos defeitos mais flagrantes da natureza. Em primeiro lugar, a natureza é principalmente encontrada lá fora, um lugar no qual, e não há discussão quanto a isso, nunca há cadeiras confortáveis o bastante. Em segundo, durante pelo menos metade do tempo é dia lá fora, uma situação criada por um tipo de iluminação intensa vinda de cima que não é nada lisonjeira para um fumante inveterado. Por último, e mais relevante para esse discurso, temos o fato de que as coisas naturais são, por sua própria definição, selvagens, malcuidadas e, com espantosa frequência, repletas de insetos. Portanto, e de forma bastante óbvia, coisas naturais são exatamente o tipo de coisa que você não vai se esforçar muito para adquirir. *Objets d'art* são uma coisa; *objets d'nature* não. Afinal, quem vai se interessar por uma coisa para a qual não existe uma palavra em francês?

Tendo tudo isso em vista, elaborei uma pequena tabela para ilustrar de forma mais gráfica a tremenda superioridade das coisas que são manufaturadas sobre as que não são.

NATUREZA	ARTE
Sol	Forno elétrico
Seus dois pés	Seus dois Bentleys
Maçãs que caem do céu	Lucros que caem do céu
Raízes e frutas silvestres	Linguini ao molho de marisco
A marcha inclemente do tempo	Edição de vídeos
Leite	Manteiga
A boa terra	25% da bilheteria
Trigo	Linguini ao molho de marisco
Um homem para todas as estações	Marc Bohan para Dior
Gelo	Cubos de gelo
Pelos faciais	Lâminas de barbear
O cheiro da terra depois da chuva	Linguini ao molho de marisco
Tuberculose	Televisão
Os moinhos de Deus	Roleta
Um córrego de águas cristalinas	Paris

Agora que você já foi apresentado a uma visão geral do assunto, é chegada a hora de explorar as coisas mais a fundo, de perguntar a si mesmo o que você aprendeu e qual é a melhor maneira de aplicar esse conhecimento recém-adquirido. Bom, obviamente, a primeira coisa que você aprendeu, e a mais importante, é que linguini ao molho de marisco é a maior realização da humanidade. Mas como esse é um conceito de fácil compreensão, é desnecessário perder muito tempo com ele ou discuti-lo em maiores detalhes.

Quanto à questão de qual é a melhor maneira de aplicar o que você aprendeu, acredito que seria bastante benéfico para todos se analisássemos o que a sabedoria popular diz sobre as coisas para ver como ela se apresenta à luz desse conhecimento recém-adquirido:

O que a sabedoria popular diz sobre as coisas à
luz desse conhecimento recém-adquirido

Coisas boas vêm para quem sabe esperar: Esse é um conceito que se alinha em muitos sentidos a outro ditado bastante conhecido, que diz que os humildes herdarão a terra. Tendo isso em mente, vamos usar uma técnica tradicional de ensino, quebrando a primeira frase em seus dois componentes principais: a) Coisas boas; b) vêm para quem sabe esperar. De imediato fica evidente que, graças ao que já estudamos, estamos muito bem informados sobre o que, exatamente, são as coisas boas. Mas quando chegamos a "quem sabe esperar", entramos em território inexplorado. Os educadores descobriram que, em casos como esse, é sempre melhor usar exemplos da vida real. Sendo assim, temos que pensar num lugar que, em nossa própria experiência, conhecemos como um local onde "quem sabe esperar" possa de fato estar esperando. Portanto, sinto que a área de retirada de bagagem de um grande aeroporto metropolitano pode servir muito bem ao nosso propósito.

Agora, ao abordarmos o ponto fundamental implicado nessa questão — isto é, a veracidade da declaração "Coisas boas vêm para quem sabe esperar" —, estamos, na verdade, perguntando: "Coisas boas realmente vêm para quem sabe esperar?". Quebrando nossa resposta em seus dois componentes principais, descobrimos que sabemos que: a) entre "coisas boas" estão o linguini ao molho de marisco, os automóveis da Bentley e a sempre fascinante cidade de Paris.

Também sabemos que: b) "quem sabe esperar" está esperando no aeroporto de Chicago. Então, pensando em nossas aventuras da vida real e dando uma última conferida em nossa utilíssima tabela, somos tristemente obrigados a concluir que: "Não, coisas boas *não* vêm para quem sabe esperar" — a menos que, em virtude de alguma preferência pessoal inesperada de "quem sabe esperar", "coisas boas" incluam um item intitulado TODO O CONTEÚDO DE PARTE DE SUA BAGAGEM SE PERDEU.

Uma coisa bela é uma alegria para sempre: Esse verso gracioso extraído de um poema de John Keats é tão impreciso quanto arcaico. O sr. Keats, devemos lembrar, não era apenas um poeta, mas também um produto da época em que viveu. Além disso, não devemos esquecer que uma das características mais marcantes do começo do século XIX era uma admiração desproporcional pela simples habilidade de perdurar. Portanto, embora uma coisa bela seja de fato uma alegria, nós, que vivemos nos tempos modernos e não estamos mais presos a valores antiquados, somos livres para reconhecer que, de nove em cada dez vezes, um fim de semana é tempo mais que suficiente.

Todo homem mata a coisa que mais ama: E de forma muito compreensível, quando foi levado a crer que ela seria uma alegria para sempre.

Faça suas próprias coisas: O uso da palavra "coisa" nesse contexto é curiosamente exato, uma vez que aqueles que costumam usar essa expressão realmente produzem *coisas*, ao contrário de quem produz frutos com seu trabalho — isto é, fazer artesanato é uma coisa, escrever é um trabalho.

A vida é uma coisa terrível depois da outra: E a morte é um cabaré.

Dicas para animais de estimação

Sinto que o dever me obriga a começar este discurso com o que eu de fato considero ser uma afirmação, mas que provavelmente será interpretado mais como uma confissão. Eu não gosto de animais. De qualquer tipo. Não gosto sequer do conceito. Os animais não são meus amigos. Eles não ocupam nenhum espaço no meu coração. Os animais não fazem parte da minha lista. O que posso dizer a meu favor, entretanto, é que não lhes desejo nenhum mal específico. Eu não vou importunar um animal se ele não me importunar antes. Bom, talvez seja melhor corrigir essa frase. Eu não vou importunar *pessoalmente* um animal. Por outro lado, sinto que um prato desprovido de um belo pedaço de carne malpassada é uma afronta a qualquer jantar sério e que, embora eu encontre com frequência algum amigo que poderia, de fato, ser descrito como um fã de brócolis e batatas, não posso dizer que eu realmente goste desse tipo de pessoa.

Portanto, posso afirmar com maior exatidão que eu não gosto de animais, com duas exceções. A primeira é quando sua existência ficou no passado, e a partir daí gosto muito deles, em especial na forma de costelinhas perfeitamente crocantes e mocassins da Bass Weejun. E a segunda é quando eles ficam lá fora, e com isso não estou me referindo apenas ao lá fora no sentido de fora de casa, mas lá fora mesmo, bem longe, no meio do mato ou, de preferência, nas florestas da América do Sul. Até porque estou sendo apenas justa nisso. Se eu não vou até lá, por que eles viriam até aqui?

Levando em conta o que foi dito acima, não deveria ser nenhuma surpresa que eu não aprovo a prática de ter animais de estimação. "Não aprovo" é leve demais: animais de estimação deveriam ser proibidos por lei. Em especial cães. Em especial em Nova York.

Não foram poucas as vezes em que verbalizei esse sentimento no que agora consideramos uma sociedade educada, e invariavelmente me foi repassada a informação de que, mesmo que as pessoas mais frívolas fossem proibidas de ter cães, ainda teríamos os cegos e os patologicamente solitários para considerar nesse cenário. Eu não sou totalmente desprovida de compaixão e, após muita reflexão, acredito que cheguei à solução perfeita para esse problema — que os solitários sejam os guias dos cegos. A implementação desse plano forneceria companhia para uma das partes e um senso de direção para a outra, sem castigar o resto da população com o espetáculo muito comum de um homem adulto conversando com pastores-alemães em tons respeitosos que fariam mais sentido se fossem utilizados com membros do clero de idade avançada e agentes da receita federal.

Os amantes de animais que não estiverem interessados em ajudar jornaleiros a atravessar ruas movimentadas terão de procurar companhia em outros lugares. Se ter um amigo real é algo que está fora do seu alcance, sugiro que você se inspire na sua celebridade favorita e considere investir num entourage de qualidade. As vantagens de esquemas como esse são inestimáveis: um entourage é indiscutivelmente superior a um cão (ou até mesmo a amigos reais), além de ser um investimento que começa a se pagar quase de imediato. Você não precisa levar um entourage para passear; pelo contrário, uma das principais funções de um entourage é que *ele* é que leva *você* para passear. Você não precisa dar um nome para um entourage. Você não precisa brincar com um entourage. Você não precisa levar um entourage ao veterinário — embora o dono consciente de um entourage deva garantir que sua comitiva tome todas as vacinas. Você precisa, é claro, alimentar seu entourage, mas isso pode ser feito em qualquer restaurante italiano decente e sem todo o incômodo e a sujeira das rações enlatadas e dos potes especiais de plástico.

Se a sugestão de ter um entourage não lhe agrada, talvez você deva mudar a sua concepção do que é uma companhia. Seres vivos não precisam estar nessa lista. Sofás prata do estilo georgiano ou assinados por Duncan Phyfe são companhias maravilhosas, bem como bebidas alcoólicas e frutas fora de época. Use sua imaginação, estude o assunto. Você pensará em alguma coisa.

Se, todavia, você não pensar em algo — e, como os amantes de animais são uma turma muito cabeça-dura, há boas chances de que você não consiga mesmo —, decidi direcionar meus últimos comentários aos animais de estimação propriamente ditos, na esperança de que eles possam aprender a se divertir com um mínimo de dignidade e elegância.

Se você é um cão e o seu dono sugere que você use um suéter... sugira que ele use um rabo.

* * *

Se o seu nome foi dado em homenagem a um ser humano de relevância artística, fuja de casa. Até mesmo para um animal é inadmissível ser obrigado a viver com alguém que batiza um gato de Ford Madox Ford.

* * *

Cães que ganham a vida aparecendo em comerciais de TV em que pedem comida de forma insistente e agressiva devem ter sempre em mente que, em pelo menos um país do Extremo Oriente, *eles* são a comida.

***

Se você é apenas um pássaro numa gaiola dourada — dê graças a Deus.

***

Um cão que acredita ser o melhor amigo do homem é também obviamente um cão que nunca conheceu um advogado tributarista.

***

Se você é uma coruja mantida como animal de estimação, eu aplaudo e incentivo sua tendência a piar. Você deveria ser muito exaltada por expressar seus sentimentos. Uma coruja não é, logicamente, um animal de estimação; é apenas uma tentativa melancólica e imperdoável de cometer uma extravagância.

***

Nenhum animal nunca deveria subir nas cadeiras de uma mesa de jantar a menos que tenha a certeza absoluta de que é capaz de sustentar uma conversa.

A Coleção Frances Ann Lebowitz

Veja a seguir algumas páginas selecionadas do catálogo do futuro leilão do acervo de Frances Ann Lebowitz.

Comprimento: 48 cm
Ver ilustração.

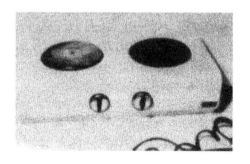

1.KORD (NOME COMERCIAL)

É isso que está gravado nesse excepcional exemplar de chapa elétrica de preço acessível. Feita de metal branco esmaltado e com o nome da marca e os controladores em preto, essa chapa com dois queimadores foi pessoalmente entregue à sua dona atual pelo sr. Roper, o zelador ausente, considerado há muito tempo uma figura mitológica. Embora a manifestação física do sr. Roper seja de grande interesse para acadêmicos e colecionadores que se dedicam a um estudo mais detalhado e esotérico do *Memento Pori*, ou *Lembranças da pobreza*, deve-se levar em conta que a sua aparição foi pontual e que ele, em pessoa, não será oferecido neste lote.

O Kord, entretanto, substituiu uma antiga chapa elétrica que, acredita-se, esteve entre as posses de (e foi usada por) todos os antecessores do sr. Roper.

O Kord foi projetado de forma muito interessante, possuindo dois queimadores, sem, entretanto, ter espaço para acomodar duas panelas. Essa característica deriva provavelmente da insistência do senhorio na aplicação de um desconforto temático.

A Coleção Frances Ann Lebowitz, uma das maiores já reunidas (num apartamento desse tamanho) no estilo *Memento Pori*, relata de forma efetiva a reação de um ser humano a não ter dinheiro desde o final dos anos 1960, passando por algumas aquisições no final dos anos 1970, até os dias de hoje.

Todos os formatos artísticos estão representados: entalhamento em móveis, pinturas impressionistas em paredes e trabalhos usando diversas ligas metálicas.

Explorar os diversos humores e eventos históricos que influenciaram a criação desses objetos seria uma tarefa muito enfadonha. Alguns são frágeis, alguns são mal-acabados e outros são simplesmente antiquados, porém todos refletem, de forma evidente, o quanto os escritores são mal pagos neste mundo.

A chapa elétrica da Kord com seus dois queimadores e dois controladores nos lembra que a falta de dinheiro é a definição mais precisa de pobreza, e que não há como evitar isso. É possível que as inscrições embaixo de cada controlador digam isso de maneira ainda mais clara: *Alto*, *Médio*, *Baixo*.

2. FORNO ELÉTRICO BROIL KING
COMEÇO/FINAL DA DÉCADA DE 1960

Com um dos lados adornado com o logotipo da Broil King, uma espécie de coroa, o outro traz a legenda "Assa e grelha com infravermelho". Decorado com plástico preto, contém uma grelha de alumínio e um visor de material similar ao vidro, além de um cabo ornamental com tomada.

Comprimento: 43 cm
Ver ilustração.

3. EXTRAORDINÁRIO SOFÁ-CAMA ROWE
SEGUNDA METADE DE 1971

Feito de compensado, estofado com um material similar a espuma e encapado em veludo cotelê de algodão marrom; manta em tecido azul, cinza e branco; etiqueta em preto e branco (proibido remover por lei).

Largura: 0,9 m (quando sofá)
1,8 m (quando cama)
Ver ilustração.

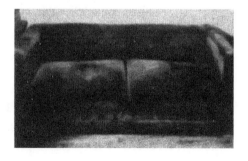

4. PRATOS DE PORCELANA ESMALTADOS DA PRIM ROSE PINTADOS À MÃO PELA IRMANDADE NACIONAL DOS TRABALHADORES EM CERÂMICA
1939(?)

Os pratos de sobremesa e de jantar que um dia já foram presença confirmada na mesa do sr. e da sra. Phillip Splaver, de Derby, Connecticut, foram originalmente adquiridos no West End Movie Theater, em Bridgeport, Connecticut. Graças a um golpe de sorte (o dono do lugar era cunhado do sr. Splaver), essas lindas peças (que um dia fizeram parte de um conjunto completo) com traços em cinza, preto e vermelho pintados sobre uma base branca foram obtidas sem que seus donos fossem obrigados a frequentar uma sucessão extenuante de Noites de Bingo para ganhá-las de brinde. *3 peças.*

Diâmetros: 26,6 cm
19 cm
Ver ilustração.

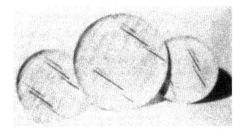

5. CONJUNTOS DE CAIXAS PEQUENAS
MEADOS DE 1978

A primeira é uma caixinha de papelão de palitos de dente da Ambassador, nas cores vermelha, branca e azul, contendo a maioria dos 250 palitos roliços originais; duas caixas de clips de papel da Gem, feitas de papelão, em maravilhosos tons de verde; e uma caixa de metal em quatro cores (sendo uma delas um fabuloso tom de pele translúcido), contendo os curativos adesivos Band-Aid da Johnson & Johnson em três tamanhos. Possui um curioso erro no empacotamento do produto (faltam os curativos em tamanho infantil). *4 peças.*

Comprimento: 7 a 8,2 cm

6. TRÊS RÁDIOS-RELÓGIOS, UM DELES ESTÁ FUNCIONANDO
FINAL DO SÉCULO XX

Os dois primeiros são da Westclox (La Salle, Illinois) e não têm os seus "cristais", mas possuem um design muito atrativo: um deles é praticamente despido de ornamentos; o outro, com as margens decoradas por listras em tons de preto e tangerina. O terceiro é um relógio funcional com os números num verde pseudoiridescente que se aproxima muito de um trompe l'oeil, pois dão a falsa impressão de que são visíveis no escuro; o nome da marca, curiosamente, é Lux. *3 peças.*

Comprimento: 9,5 a 11 cm
Ver ilustração.

7. MÁQUINA DE ESCREVER
SÉCULO XX

Remington Rand em metal cinza, com onze teclas emperradas, fita descarrilhada; uma desgraça completa.

Comprimento: 28 cm
Ver ilustração.

8. OUTRA MÁQUINA DE ESCREVER
SÉCULO XX

Emprestada de um diretor de arte relativamente anônimo, Lettera DL, metal em dois tons de cinza; as fileiras número 7 e 8 nunca foram utilizadas pela dona atual.

Comprimento: 25,4 cm

9. CONJUNTO DE CINCO OVOS
NÃO TÃO FINAL DO SÉCULO XX QUANTO
AS PESSOAS GOSTARIAM

Representando os ovos em dois formatos, cozido e cru: três do primeiro, dois do segundo. Acompanha uma caixa de ovos de papelão num tom de azul médio e uma panela esmaltada de cor similar. *5 peças (no momento)*.

10. PAR DE TAMPÕES DE OUVIDO DE NÍVEL DE PROTEÇÃO INDUSTRIAL
HOJE DE MANHÃ

Par de tampões de ouvido em amarelo vivo, não funcionam. *2 peças.*

Comprimento: *2,54 cm*

11. DOIS OBJETOS AMARRONZADOS
SÉCULO XX

Um é um moedor de pimenta e o outro, uma tigela para salada. Ambos estão um pouco destruídos. *2 peças.*

Altura: 8,16 cm
Diâmetro: 15 cm
Ver ilustração.

Desenhos e esculturas

12. ANÔNIMO
CORPO DE JACARÉ SOBRE BASE DE CINZEIRO

Não assinado.
Cerâmica em tons de marrom, amarelo, azul e branco.
Possui a palavra FLORIDA impressa no objeto.

Altura: 54,5 cm
Ver ilustração.

13. FRAN LEBOWITZ
ESBOÇOS DIVERSOS

Assinados e datados de 1978.
Caneta esferográfica pressionada.

12,7 × 7,6 cm

14. FILHO DE UMA AMIGA
"BOM DIA, MÃE!"

Assinado de forma ilegível.
Giz de cera sobre livro de colorir.

28 × 20 cm
Ver ilustração.

15. EDITOR
NÃO ESCREVA ATÉ TER TRABALHO

Sem assinatura e bastante datado.
Lápis de cor sobre papel timbrado surrupiado.

21,5 × 14 cm
Ver ilustração.

16. TAPETINHOS
DOIS TAPETINHOS DE BANHEIRO
DE ALGODÃO RECÉM-LAVADOS
FINAL DOS ANOS 1960

O primeiro em tons de malva, o segundo num tom incomum de azul; ambos bonitos. *2 peças.*

Aprox. 0,9 m × 50,8 cm
Ver ilustração.

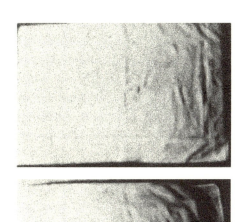

Lugares

Lugares

Talvez uma das características mais marcantes da vida contemporânea seja a expansão sem precedentes do conceito de liberdade de pensamento. Isso levou a muitas ocorrências desagradáveis, nenhuma mais desconcertante do que o fato de que o lugar, que um dia já foi a mais fixa das entidades, tenha agora se tornado uma questão de opinião pessoal. Esse estado de coisas se manifestou de incontáveis maneiras, e não se pode mais almejar o conforto e a segurança de conhecer o seu lugar, de manter o seu lugar, de tomar o lugar do outro ou de encontrar um lugar para si.

A lista, é claro, não se encerra aqui. Eu poderia continuá-la infinitamente, e de fato o faria se não houvesse uma questão mais importante em jogo. Os danos elencados nessa lista, por mais graves que pareçam, são relativamente insignificantes quando comparados com a ideia de que o lugar em que uma pessoa reside, tradicionalmente um fato objetivo e inquestionável, agora está sujeito à percepção individual. Obviamente, essa é uma situação que não se pode permitir que continue. Portanto, mesmo correndo o risco de ser chamada de alarmista, devo afirmar de forma inequívoca que quando a casa de uma pessoa, um exemplo tradicional de arte figurativa, torna-se vulnerável ao que só pode ser classificado como conceitualismo sorrateiro, está mais do que na hora de fazer alguma coisa.

Tarde demais, você diz? Esse momento já passou? A coisa foi longe demais? Acho que não. Ainda existem muitos entre nós que, quando perguntados onde moramos, respondemos com lógica e convicção. Nova York, nós dizemos, ou Boston. Filadélfia. Des Moines. Somos um grupo pequeno, porém diverso, e eu tenho a forte impressão de que com trabalho duro e perseverança seremos capazes de aniquilar de uma vez por todas essas pessoas que, ao perceberem instintivamente que não são capazes de vencer, acabam caindo em lugares-comuns.

O primeiro passo de qualquer estratégia de batalha bem-sucedida, obviamente, é identificar o inimigo e, assim, elaborei as seguintes definições:

Pessoas que pensam em si mesmas como
habitantes do planeta, ou terráqueos

Com uma tendência clara às generalizações grotescas, os terráqueos são facilmente reconhecidos por sua relação com vegetais verdes e cheios de folhas que pode ser mais bem descrita como camaradagem. Eles concentram sua alimentação e seus pensamentos na base da cadeia alimentar e costumam acreditar em reencarnação — uma teoria que, pelo menos, explica de onde vem seu dinheiro. O livro favorito deles chama *The Whole Earth Catalog*, que aparentemente usam para comprar suas roupas, e eles são vistos com tanta frequência olhando para as estrelas que a nossa única esperança é imaginar que estejam pensando em se mudar.

Pessoas que pensam em si mesmas como
cidadãos do mundo, ou cosmopolitas

Mais bem sintetizado na figura de um renomado estilista italiano, o cosmopolita se sente em casa onde quer que esteja. Conhece os melhores restaurantes, fala as melhores línguas e é uma das últimas pessoas na Terra que ainda carrega dinheiro vivo por aí — isso para não falar nas pinturas. Embora seja divertido numa festa, o cosmopolita produz um efeito que somos obrigados a classificar como banalizador. Quer dizer, o que a cidade de Londres significa para um homem que pensa no Oriente Médio como se fosse só mais um bairro perigoso e no litoral sul-africano como se fosse apenas mais uma praia?

E como é que, com tantas coisas para conhecer e fazer, o cosmopolita ainda consegue dedicar tanto de seu tempo e atenção para elevar os preços dos apartamentos na região de Manhattan? Um esforço que, acredito, resultará na transformação de toda a cidade de Nova York num grande resort, comparável com a Acapulco dos anos 1950. Nesse lugar, os antigos escritores da cidade serão obrigados a trabalhar nas cozinhas dos hotéis de luxo cortando grapefruits em formatos extravagantes para o deleite do cosmopolita — um cliente que, por sinal, provavelmente não vai se interessar muito em conhecer sua irmã virgem.

Pessoas que vivem muito longe do centro, ou lofteiros

Pessoas que moram em lofts não deveriam ficar jogando pedras em ninguém, em especial quando estão na invejável posição de poder vendê-las. Embora você provavelmente tenha pensado no SoHo, lhes asseguro de que não sou tão provinciana assim e posso, graças à minha lamentável experiência pessoal, afirmar que bairros desse tipo agora podem ser encontrados em praticamente qualquer cidadezinha americana. Ocupando em geral uma área revitalizada de frente para um corpo de água, o distrito da quiche, como costumo chamar esse tipo de bairro, trouxe um significado novo e indesejado às palavras "indústria leve".

Esteja avisado de que o lofteiro, apesar de aparentar o contrário, na verdade é uma pessoa tão viajada quanto o cosmopolita e, portanto, deve ser assiduamente evitado.

Pessoas que parecem morar no aeroporto de Seattle, ou vendedores

Os vendedores, como costumam ser chamados, são pessoas com uma aparência bastante atormentada. Indo sempre de portão em portão, não é de estranhar que muitas vezes eles duvidem de sua própria sanidade. Ouvem constantemente vozes transmitindo informações referentes à "chegada de passageiros da Northwest Airlines". Parece muito oficial; chega até a parecer real. O vendedor, entretanto, não é bobo e sabe perfeitamente que não existe isso de chegada de passageiros da Northwest Airlines — quando o assunto é a Northwest Airlines, os passageiros estão sempre de partida. Na verdade, em qualquer aeroporto, a qualquer momento, três quartos de sua ocupação total são compostos de passageiros da Nortwest Airlines esperando a partida.

Sendo assim, era de esperar que pessoas que passam tanto tempo juntas acabassem enxergando a si mesmas como uma comunidade, com tudo que isso implica. Por isso, eles tiveram suas próprias relações amorosas de curta duração, desenvolveram sua própria culinária baseada na amêndoa defumada local e estão, de forma invejável, livres de qualquer tipo de luta de classes, uma vez que já tiveram as suas definidas pela companhia aérea.

Apesar de tudo isso, os vendedores são infelizes, pois sabem que, embora estejam sempre decolando, seria uma ilusão acreditar que de fato chegarão a algum lugar.

Primeira lição

LOS ANGELES, Califórnia, abrange uma enorme região metropolitana ao redor do Beverly Hills Hotel. De Nova York, ela pode ser facilmente acessada por telefone ou avião (embora o contrário não seja verdadeiro).

Em 1956, a população de Los Angeles era de 2 243 901. Em 1970, ela havia subido para 2 811 801, sendo que 1 650 917 estão lá para gravar um seriado de TV.

Os primeiros conquistadores espanhóis batizaram Los Angeles de El Pueblo de Nuestra Señora la Reina de los Angeles, que significa A Cidade de Nossa Senhora, Rainha dos Anjos. A primeira parte do nome foi retirada quando Los Angeles se tornou uma cidade mexicana em 1835. Hoje, Los Angeles costuma ser chamada a cobrar.

A TERRA E SEUS RECURSOS

Localização, dimensões e características do relevo

Los Angeles fica na costa do Pacífico a aproximadamente 5 mil quilômetros de distância do centro de Manhattan. Seu terreno é variado, indo do argiloso e do gramado ao misto, dependendo do tipo de quintal que você considera mais confortável. Los Angeles é uma cidade de grande porte, que ocupa uma área de mais de 1165 quilômetros quadrados, o que torna aconselhável não sair da zona de conforto.

As características do relevo são numerosas e incluem colinas, palmeiras, outdoors enormes com a imagem de ex e futuros backing vocals, flores coloridas, cirurgias plásticas, guardas de trânsito e um enorme letreiro formando a palavra "Hollywood", cujo propósito é indicar que você realmente saiu do avião.

Moeda

A moeda mais popular em Los Angeles é o ponto. Pontos são dados aos escritores em vez de dinheiro. Curiosamente, é impossível utilizar esses pontos para comprar bens ou serviços, uma situação que torna imperativa a posse de uma passagem de volta.

Clima

Costuma fazer muito sol em Los Angeles, o que permite que seus nativos leiam contratos sob a luz natural. O clima ameno é um dos principais tópicos de conversa em Los Angeles, sendo outro a ausência de algo semelhante em Nova York.

Muitos turistas visitam Los Angeles por causa do clima, atraídos sem sombra de dúvida pelo delicioso clarão produzido pelo sol e pelas cores deslumbrantes do céu.

Principais produtos

Os principais produtos de Los Angeles são livros inspirados em filmes, salada, apresentadores de *game-shows*, pontos, tônus muscular, minisséries e revisões. Eles exportam todos esses itens, com duas exceções: tônus muscular e pontos, que aparentemente não viajam muito bem.

O POVO

Muitas pessoas em Los Angeles parecem tão reais que é preciso um olhar muito aguçado para evitar conversar com alguém que talvez esteja morto demais para lhe dar pontos. Os iniciados costumam observar com atenção a corrente de ouro no pescoço de um possível produtor e só começam a conversar após terem certeza de que ela se move de forma ritmada.

Os habitantes de Los Angeles são um povo caloroso e os laços familiares são tão importantes que um florista pode de livre e espontânea vontade contar que a sua cunhada já foi casada com o tio-avô do Lee Majors antes que alguém tenha perguntado.

Cotidiano e costumes

A vida em Los Angeles é casual, embora altamente estratificada, e talvez possa ser mais bem compreendida ao notar que os moradores ficariam muito mais satisfeitos se tivessem uma lista telefônica com o primeiro nome dos assinantes, seguido da informação de que a pessoa possui quatro linhas, dezesseis extensões e um número secreto não listado.

Comida e bebida

Muitas pessoas em Los Angeles seguem algum tipo de dieta especial que restringe o consumo de alimentos industrializados. O motivo parece ser uma crença amplamente difundida de que frutas e vegetais cultivados de forma orgânica fazem a cocaína bater mais rápido.

Um prato local muito popular é o *gambei*, que é servido exclusivamente no Mr. Chow, um simpático restaurante chinês que fica na North Camden Drive. A descrição do *gambei* no cardápio é a seguinte: "Este misterioso prato é o favorito de nossos clientes. Todos insistem que é feito com alga marinha porque parece e tem gosto de alga marinha. Mas, na verdade, não é. É um segredo". Esse mistério foi recentemente resolvido por uma escritora de Nova York que esteve lá, deu uma garfada por curiosidade e disse: "É erva".

"Erva?", perguntou sua companhia para o jantar. "Você quer dizer maconha?"

"Não", respondeu a escritora. "Erva — planta, mato, grama. O segredo é que todo final de tarde, os jardineiros de Beverly Hills estacionam nos fundos do restaurante, o cozinheiro recebe a encomenda e, minutos depois, os clientes estão satisfeitos, degustando — ao custo de três dólares e cinquenta centavos por porção — seus próprios quintais — bem fritinhos e crocantes."

Cultura

Los Angeles é uma cidade contemporânea e, portanto, não se pauta pelos padrões restritivos da arte convencional. Assim, os moradores dessa Atenas dos tempos atuais ficaram livres para desenvolver formatos artísticos novos e inovadores. Entre eles, o mais interessante é a produção de livros inspirados em filmes, pois permite que uma pessoa possa realmente apreciar, talvez pela primeira vez na vida, a frase "Uma imagem vale mais que mil palavras".

Vestimenta

A moda em Los Angeles é colorida, com uma predominância de amarelo-limão, azul-celeste e verde-abacate, em especial na vestimenta dos homens de meia-idade, a maioria dos quais se parece com Alan King. Esses homens costumam deixar os primeiros cinco botões de suas camisas desabotoados, exibindo de forma depravada os pelos grisalhos em seu peito. Visitantes devem ser alertados de que chamar a polícia para que se feche todos os botões é um gesto inútil; eles nem sequer responderão.

Adolescentes de ambos os sexos vestem camisetas que contrariam a tese de que os jovens não estão mais interessados em ler, enquanto as expressões em seus rostos contrariam as camisetas.

Durante o dia, mulheres de meia-idade preferem usar praticamente as mesmas roupas que as adolescentes, mas, depois das seis da tarde, gostam de se arrumar e costumam demonstrar uma preferência por vestidos usados em bailes de formatura.

A língua

Tanto o alfabeto quanto a pronúncia têm origem no inglês, assim como o costume de ler recibos da esquerda para a direita. Entretanto, o uso das palavras é um tanto quanto exótico, sendo aconselhado que os visitantes prestem muita atenção na tabela de palavras e expressões abaixo:

Formal: calças compridas

Conceito: perseguição de carros

Assistente de direção: a pessoa que diz aos carros em que direção eles devem ir. A expressão equivalente em Nova York é guarda de trânsito.

Diretor: a pessoa que diz ao assistente de direção em que direção os carros devem ir. A expressão equivalente em Nova York é guarda de trânsito.

Controle criativo: sem pontos.

Pegar uma reunião: essa expressão é utilizada em lugar de "fazer uma reunião", e provavelmente tem a ver com o fato de que "pegar" seja um verbo com o qual os nativos se sentem mais à vontade.

Sarcasmo: uma coisa que temos em Nova York em vez de banheiras de hidromassagem.

Transporte

Existem dois meios de transporte em Los Angeles: carros e ambulâncias. Aconselha-se aos visitantes que querem passar despercebidos que optem pelo último.

Arquitetura

A arquitetura em Los Angeles é basicamente resultado de uma herança espanhola e de uma vida interior muito rica. Prédios públicos, que são chamados de postos de gasolina ou de restaurantes, são caracterizados pela sua pouca altura e costumam ser mais baixos do que um agente da William Morris — embora às vezes eles comportem um número maior de pessoas. Suas casas, chamadas de "lar", podem ser diferenciadas dos prédios públicos pelo número de Mercedes-Benz estacionadas na frente. Se forem mais de doze, pode-se supor com bastante segurança que aceitam American Express.

Dicas de viagem de Fran Lebowitz

Estas dicas são fruto de uma pesquisa exaustiva e minuciosa conduzida recentemente, durante uma turnê de divulgação de um livro que passou por catorze cidades. Isso não significa que estas informações devem ser ignoradas caso os seus planos de viagem não incluam uma turnê de divulgação de um livro que passa por catorze cidades. Simplesmente adapte estas dicas para que atendam às suas necessidades particulares, permita-se trabalhar com alguma margem de erro e você se beneficiará muitíssimo delas.

1. Ao voar na classe econômica, é imperativo que você controle qualquer impulso demasiado imaginativo. Embora num primeiro momento possa parecer exatamente isto, não é verdade que todos os assentos estão ocupados por bebês chorões que fumam charutos nacionais baratos.

2. Ao voar na primeira classe, é possível que você precise ser relembrado constantemente disso, pois a única diferença perceptível muitas vezes é o fato de os bebês daqui possuírem contatos em Cuba. Por outro lado, você terá certeza de onde está quando a aeromoça derrubar sua bebida e o copo se quebrar.

3. Invariavelmente, aviões são programados para decolar em horários como 7h54, 9h21 ou 11h37. Essa especificidade

extrema tem o efeito de incutir sobre o novato ao mesmo tempo duas crenças: a de que ele *aterrissará* em horários como 10h08, 1h43 ou 4h22, e a de que deve chegar ao aeroporto no horário. Essas crenças não apenas estão equivocadas, como são insalubres e poderiam ser facilmente extintas se as companhias aéreas fizessem um esforço para ter maior realismo. É compreensível que elas relutem em fazer de uma vez uma mudança tão radical. Empenhada em facilitar essa transição, sugiro as seguintes mudanças graduais para a frase: "O voo 477 para Minneapolis decolará às 8h03 da noite":

A. O voo 477 para Minneapolis decolará, hã, vamos dizer, ali pelas oito.
B. O voo 477 para Minneapolis decolará entre oito e oito e meia.
C. O voo 477 para Minneapolis decolará enquanto ainda for noite.
D. O voo 477 para Minneapolis decolará antes de o livro ser publicado.

4. Aeromoças não gostam muito de mulheres.

5. Os comissários de bordo também não.

6. Você pode, *sim*, fazer uma conexão em Omaha, Nebraska.

7. Você é aconselhado a fazê-la.

8. Caso você tenha este hábito ou não, viaje sempre na área de fumantes de um avião. O barulho de tosse quebrará a monotonia da viagem.

9. Sempre que possível, viaje com uma pessoa daltônica. Explicar para ela o impacto causado por listras cor de ferrugem, laranja e amarelas sobre um fundo verde-azulado com estampas florais preencherá o tempo que não for ocupado pelas tosses.

10. Quando comparecer a uma noite de autógrafos numa livraria localizada numa região densamente populada pelo povo da arte, imponha um limite máximo de dez dedicatórias no estilo "para Douglas e Michael" ou "Joseph e Edward" ou "Diane e Katy". Você vai levar aproximadamente esse mesmo tempo para perceber que mais que isso é perder vendas. Argumente de forma simpática, porém firme, que é de conhecimento geral que os relacionamentos homossexuais são conhecidos por ser de curta duração, e que um autógrafo assim resultará no futuro numa briga pelo seu livro. Se isso não surtir um efeito imediato, pergunte de maneira sutil quantos fouets eles perderam ao longo dos anos.

11. Não é que sejam três horas mais cedo na Califórnia; é que lá os dias duram três horas a mais.

12. Cardápios de serviço de quarto em que não é cobrado um extra pelo queijo nos hambúrgueres estão tentando lhe dizer alguma coisa.

13. Encontros românticos fortuitos em cidades estranhas são aceitáveis, em especial se você já assistiu ao filme. Apenas se certifique de que o seu acompanhante tenha entendido errado o nome de sua editora.

14. Apresentadores de talk shows locais não estão interessados na informação de que o *Today Show* usa mais de uma câmera.

15. Serviço de quarto 24 horas costuma se referir ao tempo que leva para que o seu sanduíche seja trazido. Isso é profundamente decepcionante, em especial se você pediu ovos mexidos.

16. Nunca entregue suas roupas a um funcionário de hotel sem antes lhe dizer especificamente que você as quer de volta.

17. Pedir para ser despertado às quatro da tarde certamente resultará numa perda de respeito por parte dos funcionários da recepção e um excesso de intimidade por parte dos carregadores de mala e garçons do serviço de quarto.

18. Se você vai visitar os Estados Unidos, traga sua própria comida.

19. Se, durante a sua estadia num hotel estupendamente caro no norte da Califórnia, você perceber que um dos outros hóspedes deixou os tênis do lado de fora do quarto, tente se comportar.

20. Sob nenhuma circunstância peça um item chamado "Festival de Queijos" ao serviço de quarto, a menos que esteja disposto a ter o seu sonho de ver um grupo de garotas lindamente vestidas em homenagem a diferentes países empurrando enormes rodas de gruyère e jarlsberg ser substituído por três fatias de queijo processado e um

monte de palitos decorados com chapeuzinhos verme-
lhos de papel-celofane.

21. Chamar um táxi no Texas é o mesmo que chamar um ra-
bino no Iraque.

22. Programas de entrevista locais não costumam ter maquiadores. A exceção a essa regra é Los Angeles, uma
cidade curiosamente generosa nesse sentido, pois também oferece o mesmo serviço para os convidados de
programas de rádio.

23. Nunca se aproxime de nada que parece ser um restaurante que se move.

24. Quando o fotógrafo de um jornal sugerir usar elementos que podem ser interessantes do ponto de vista artístico, corra o risco de ser indelicada.

25. Sem sombra de dúvidas e sem discussão, não importa o
que aconteça, espere até voltar para Nova York para cortar o seu cabelo.

26. Carregue dinheiro vivo.

27. Não saia na rua.

28. Ligue a cobrar.

29. Esqueça de escrever.

Ideias

Ideias

Não é de estranhar que a mesma época que nos deu a expressão "estilo de vida" cedo ou tarde nos presentearia também com o conceito de "estilo de pensamento". O "estilo de pensamento" pode ser mais bem definido quando reparamos que na expressão "estilo de vida" temos um exemplo perfeito de quando o todo é menor que a soma das partes, uma vez que aqueles que utilizam essa expressão raramente têm qualquer uma dessas duas coisas.

O mesmo vale para "estilo de pensamento", e, portanto, vivemos numa época em que as ideias não estão exatamente florescendo — na verdade, habitamos um momento no qual o máximo que podemos esperar é ver o surgimento de meia dúzia de bons conceitos. Você pode estar se perguntando: qual é a diferença entre uma ideia e um conceito? Bom, a diferença principal, é claro, é que um conceito você pode vender, mas uma ideia você não pode sequer dar de presente. Existem outras diferenças, óbvio, e, como se pode constatar na tabela abaixo, eu me esforcei para não deixar nenhuma de fora.

IDEIAS	CONCEITOS
Calcular o troco	Álgebra
Inglês	Esperanto
Torta de mirtilo	Vinagre de mirtilo

Poesia	Poetas
Literatura	Romance de não ficção
Escolher	Selecionar
Banheiros dentro de museus	Quadros dentro de banheiros
Iluminação suave	Vinho suave
Thomas Jefferson	Jerry Brown
Café da manhã	Brunch
Detroit	Sausalito

Embora para um novato possa parecer que isso praticamente encerra a questão, lamento informar que está terrivelmente enganado. Afinal de contas, ideias são um assunto de certa complexidade. Existem ideais boas e más, grandes e pequenas, velhas e novas. Existem ideias de que gostamos e de que não gostamos. Mas me refiro à ideia que não foi muito bem-acabada — uma que começa com força, mas, numa análise mais detalhada, não se sustenta. Naturalmente, existem várias ideias assim, então apresento as que só podem ser chamadas de:

UM MONTE DE IDEIA MEIA-BOCA	
Julgado por um júri	de seus pares
Educação	para adultos
O bom	selvagem
Adoração	de um ídolo
Imaculada	conceição
Alta	tecnologia

Cultura	popular
Responsabilidade	fiscal
Imposto	sobre vendas
Potencial	humano
Super	homem
May	day
Tábua	de carne
Política	sexual
Método	de interpretação
Medicina	moderna
Viver bem	é a melhor vingança

Quando a fumaça bater em
seus olhos... feche-os

Como membro praticante de diversos grupos minoritários oprimidos, sinto que, de maneira geral, sempre me comportei com o máximo de decoro. Sempre me eximi de fazer passeatas, gritar palavras de ordem, aparecer no *David Susskind Show* ou fazer qualquer coisa que de algum modo poderia ser vagamente interpretada como bagunça. Eu chamo a atenção para esse comportamento exemplar não apenas para me colocar numa situação favorável, mas também para enfatizar a seriedade da situação atual. Essa situação é a que torna quase impossível fumar um cigarro em público sem correr o risco de tomar uma multa, ser presa ou ter que discutir com alguém que simplesmente não faz parte da minha classe.

Para os mais igualitários, que ficaram incomodados com a última parte dessa declaração, me apresso em acrescentar que usei a palavra "classe" em seu sentido mais estrito, para me referir a um grupo de pessoas que costuma ser descrito como "gente como eu". E embora existam muitas exigências para se encaixar nessa definição, a principal é exercer a política de nunca dar palpite quando o assunto é fumar.

Fumar, se não é a minha vida, é no mínimo meu hobby. Eu amo fumar. Fumar é divertido. Fumar é bacana. Fumar é, na minha opinião, o principal motivo para se tornar adulto. Fumar faz com que todo o ato de crescer tenha realmente valido a pena. Sei muito bem dos perigos envolvidos. Fumar não é um passatempo saudável, é verdade. Fumar de fato não é como um mergulho revigorante no mar, uma série extenuante de calistenia ou dar duas voltas correndo numa represa. Por outro lado, fumar tem a seu favor ser uma atividade silenciosa. Fumar é, na verdade, um esporte solene. O fumante não recebe a reverência desproporcional dedicada a um esquiador de montanha, um jogador profissional de futebol ou um piloto de corridas. E, mesmo assim, fumar é — como já afirmei — perigoso. Muito perigoso. Fumar, na verdade, é altamente perigoso. A maioria das pessoas que fuma irá por fim contrair uma doença fatal e morrer. Mas elas não ficam se exibindo por isso, ficam? A maioria de quem esquia, joga futebol profissionalmente ou pilota carros de corrida não irá morrer — pelo menos não em ação — e, mesmo assim, são sempre retratadas em imagens glamourosas, usando equipamentos caríssimos e em proporções míticas. Por que isso acontece eu não sei dizer, a menos que seja apenas porque o americano médio não é capaz de identificar uma pessoa que está de fato disposta a correr riscos quando a vê. E é justamente o americano médio a quem dedico este discurso, porque ele é responsável por essa recente enxurrada de leis e políticas contra fumantes. Não tenho a menor dúvida de que o americano médio é o culpado por isso, já que o americano *acima da média* tem, inquestionavelmente, coisas melhores para fazer.

Eu entendo, é claro, que muitas pessoas considerem que fumar é desagradável. Esse é um direito delas. Posso garantir que sou a última a criticar os incomodados. Eu mesma considero muitas coisas — na verdade, a maioria delas — desagradáveis. Ser ofendida é uma consequência natural de sair de dentro de sua casa. Eu não gosto de loção pós-barba, adultos que andam de patins, crianças que falam francês nem de quem é excessivamente bronzeado. Ao mesmo tempo, não saio por aí decretando leis ou levantando cartazes. Eu evito essas pessoas na minha vida privada; em público, elas têm o direito de fazer o que quiserem. Eu fico em casa o máximo que posso, e elas deveriam fazer o mesmo. Entretanto, quando for necessário sair de casa, devem estar preparadas, assim como eu estou, para lidar com os hábitos pessoais desagradáveis das outras pessoas. É isso que "público" quer dizer. Se não sabe brincar, não desça para o playground.

Como muitos talvez não saibam da extensão dessa interferência privada no setor público, apresento as seguintes informações:

Hospitais

No que diz respeito à restrição aos fumantes, os hospitais talvez sejam os que cometem os piores pecados. Não apenas porque um visitante inocente precisa, invariavelmente, andar quilômetros para chegar a uma área de fumantes, mas também porque um hospital é sem dúvida o lugar que faz menos sentido ser proibido fumar. Um hospital é, afinal de contas, o tipo de ambiente horroroso e estressante que faz com que fumar seja completamente justificado. Isso sem falar que, num hospital, a reclamação mais comum de um não fumante (o fato da *sua* fumaça colocar a saúde *dele* em perigo) perde por completo o sentido uma vez que todos que estão ali já estão doentes. Exceto o visitante — que não tem autorização para fumar.

Restaurantes

Na esmagadora maioria das vezes, um restaurante que oferece "mesas para não fumantes" é exatamente o tipo que se beneficiaria do embotamento do paladar de seus clientes. No momento em que escrevo este texto, os restaurantes da cidade de Nova York ainda estão livres dessa legislação controversa. Talvez as autoridades saibam que, caso o nova-iorquino seja obrigado a considerar mais uma variável na hora de escolher um restaurante, haverá uma multidão voltando a cozinhar em casa. Quer dizer, não tenho a menor dúvida, pelo menos no meu círculo de amigos, de que não há nem uma pessoa que ainda ouse, depois de uma conversa de quarenta minutos no telefone, quando todo mundo enfim, e depois de muito tempo, concordou em ir ao mesmo tailandês, no centro, às nove e meia, suportar a pressão inerente à simples ideia de existirem mesas separadas para fumantes e não fumantes.

Minnesota

Graças a uma coisa chamada Lei do Ar Limpo de Minnesota, atualmente é ilegal fumar na área de retirada de bagagens do Aeroporto de Minneapolis. Essa é uma informação bastante surpreendente, uma vez que, de acordo com as minhas observações pessoais, até mesmo os não fumantes têm certa tendência a acender um cigarrinho enquanto esperam para descobrir se suas malas os acompanharam até o destino final. Imaginando que essa lei provocaria uma forte reação, fiquei um pouco confusa a princípio, me perguntando por que Minnesota estaria disposta a arriscar perder os pouquíssimos turistas que costumava atrair. O mistério acabou sendo solucionado quando, após passar um único dia por lá, me dei conta de que a Lei do Ar Limpo de Minnesota era uma atração turística. Pode não ser o Centro Pompidou, mas é deles. Percebi que esse era um conceito muito engenhoso e interessante e sugeri às autoridades do estado que poderiam explorar melhor suas possibilidades comerciais se vendessem cartões-postais totalmente azuis, com a expressão "Centro de Minneapolis" estampada neles.

Aviões

Longe de mim provocar o público sugerindo de maneira ir-refletida que as pessoas que fumam são mais inteligentes que as que não fumam. Porém gostaria de observar que não tenho, entre meus conhecidos, nenhum devoto da nicotina que con-sideraria nem por um segundo a ideia de que se sentar vinte centímetros na frente de um fumante é mais saudável do que se sentar à mesma distância, porém na fileira de trás.

A última risada

Vinda de uma família em que a tradição literária se resume quase por completo à redação de cartões-postais, não é de espantar que eu nunca tenha sido bem-sucedida ao explicar para a minha avó exatamente o que eu faço. Não que minha avó não seja inteligente; muito pelo contrário. É só que suas raízes são tão profundamente entranhadas na venda de móveis que ela não consegue não ver todas as outras ocupações por esse ponto de vista bastante limitado. Portanto, sempre que eu me encontro com a minha avó estou totalmente preparada para o seguinte diálogo:

"Então, como você vai?"

"Bem, vó. E a senhora?"

"Bem. E como vão os negócios? Bem?"

"Muito bem, vó."

"Você está trabalhando esta época do ano? Vem tendo uma boa temporada?"

"Muito boa, vó."

"Bom. Estar trabalhando é bom."

"Sim, vó."

Satisfeita com as minhas respostas, minha avó, então, vira-se para o meu pai e faz exatamente as mesmas perguntas, um diálogo que tem um pouco mais de sentido, já que ele não renegou a tradição Lebowitz de comercializar lindos móveis estofados.

Por muito tempo, fiquei incomodada com a falta de entendimento entre mim e minha avó e, em homenagem ao seu recém-comemorado aniversário de 95 anos, elaborei esta minha história financeira para que ela possa ter, quem sabe, uma visão mais clara da minha vida e do meu trabalho.

Tive um começo humilde, é claro, mas não me envergonho dele. Comecei empurrando um carrinho de mão de comédia pela Delancey Street — ensaios cômicos por quarenta centavos cada; quatro por um dólar. As ruas eram dureza; a competição era violenta, mas foi a melhor escola que eu poderia ter tido, porque na Delancey não bastava ser "divertidinho" — você tinha que ser *engraçado*. Eu trabalhava dez horas por dia, seis dias por semana e, em pouco tempo, já tinha conquistado alguns fãs. Não era nenhum culto, é claro, mas não posso reclamar. Dava para ganhar a vida. Consegui guardar algum dinheiro e tudo indicava que poderia abrir a minha própria loja num futuro não muito distante. Ah, é claro que tive os meus problemas, mas quem não tem? Donas de casa experimentando todos os ensaios dos cabides, tentando disfarçar sua empolgação na esperança de que eu abaixasse um pouco os preços. Crianças enfiando parágrafos debaixo das roupas quando eu virava as costas. E Mike, o policial, sempre querendo rir de graça. Mas eu perseverei, sem jamais perder o foco do meu objetivo e, após anos de muita luta, finalmente eu estava pronta para dar o próximo passo.

Fui até a Canal Street para procurar uma loja para chamar de minha. Como não costumo largar nada pela metade, não descansei até encontrar um bom lugar. Grande tráfego de pedestres, com uma loja de instrumentos cirúrgicos de um lado e uma de roupas para grávidas do outro — pessoas que sem dúvida gostariam de dar umas boas risadas. Eu trabalhei que nem um cachorro para preparar tudo para a grande estreia. Elaborei uma linha de frases a preços populares, abri um divertido balcão de argumentos, abasteci meu estoque de epigramas, aforismos e os últimos lançamentos de perspicácia e ironia. Finalmente eu estava pronta; O Paraíso de Humor da Fran: A Casa do Duplo Sentido Devastador estava aberta para negócio. No começo foi difícil, mas meus custos eram baixos. Eu tinha um estoque para tudo que eu escrevia. E, depois de algum tempo, comecei a ter um fluxo de caixa saudável e passei a lucrar o suficiente para me sustentar.

Não sei muito bem quando foi que tudo azedou — quem sabe essas coisas? Eu sou humorista, não vidente —, mas os negócios começaram a ir mal. Primeiro tomei um prejuízo com alguns comentários mordazes que eu estava testando e, em seguida, acabei ficando com um monte de anedotas engraçadas encalhadas. Torci para que fosse apenas uma entressafra, mas as vendas nunca decolaram, e, quando me dei conta, eu já estava bem encrencada. Tentei de tudo, acredite em mim. Fiz grandes liquidações — "Compre um epigrama, leve outro grátis", "Vinte por cento de desconto em todas as expressões". Cheguei até mesmo a criar um programa de "Compre agora, diga mais tarde". Mas nada deu certo. Eu estava ficando sem ideias; eu devia para Deus e o mundo e penhorei tudo que tinha. Então, um dia, peguei minha caneta e fui até o Morris "Dicionário" Pincus — um agiota em East Houston que emprestava dinheiro para humoristas em apuros. As taxas de juros eram exorbitantes, mas, mesmo assim, assinei os contratos. O que mais eu poderia fazer?

Mas isso não foi o suficiente e fui obrigada a chamar um colaborador. No começo as coisas pareciam estar funcionando. Ele se especializou em paródias, e elas vendiam muito bem, mas não demorou muito para eu começar a desconfiar dele. Quer dizer, eu mal conseguia colocar comida na minha mesa e ele lá, desfilando num Cadillac do tamanho de um quarteirão. Uma noite após o jantar, fui até a loja e passei um pente-fino nos livros-caixa. Como eu imaginava, estava tudo ali, preto no branco: o cara era um ladrão. Ele vinha roubando minhas frases desde o começo. Eu o confrontei com as provas. O que ele poderia fazer? Prometeu me pagar de volta algumas páginas por semana, mas eu sabia que nunca mais veria aquele palhaço.

Eu o mandei embora e comecei a trabalhar ainda mais duro. Oitenta horas por semana, a loja aberta todas as noites até as dez, mas aquela era uma batalha perdida. Com as grandes redes humorísticas entrando no mercado, que chance uma escritora independente como eu tinha? Então veio o dia em que eu soube que tudo estava acabado. Uma Sátiras Populares do Sol abriu bem do outro lado da rua. Ele escrevia calhamaços; eu não conseguia cobrir seus preços. Eu escrevia melhor que ele, é claro, mas àquela altura ninguém se importava mais com qualidade. A atitude do mercado era: "Bom, está meio genérico, mas como é 40% mais barato, estamos dispostos a perdoar certo grau de sutileza". Fui até o escritório nos fundos e fiquei tentando de maneira desesperada pensar em alguma coisa. Ouvi uma batida seca na porta e, logo depois, Morris entrou por ela, com um capanga de cada lado, querendo seu dinheiro. Eu disse a ele que não tinha. Implorei por mais tempo. Supliquei pela minha vida. Morris ficou me olhando de forma dura e fria enquanto limpava as unhas com uma caneta-tinteiro de aparência ameaçadora.

"Olha, Fran", ele disse, "assim você parte o meu coração. Ou você me paga na próxima segunda-feira, ou vou espalhar por aí que você anda misturando as suas metáforas."

Com isso, ele me deu as costas e saiu seguido pelos dois capangas. Eu suava em bicas. Se Morris espalhasse aquilo, ninguém nunca mais riria de nada que eu escrevesse até a minha morte. Planos malucos ficaram circulando pela minha cabeça e, quando por fim percebi o que precisava fazer, meu coração começou a bater como uma britadeira.

Mais tarde naquela noite retornei à loja. Entrei por uma porta lateral e comecei a agir. Espalhei um monte de gasolina por toda a parte, dei uma última olhada, joguei um fósforo e saí correndo de lá. Eu já estava a uns vinte quarteirões quando finalmente a ficha do que havia feito caiu. Tomada pelo remorso, voltei correndo, mas era tarde demais. Estava feito; eu tinha queimado meus textos de humor pensando no dinheiro do seguro.

No dia seguinte, me encontrei com o perito da seguradora e, graças a Deus, ele acreditou no incêndio e autorizou o pagamento. Era exatamente o que eu precisava para acertar as contas com Morris e, depois disso, eu estava dura mais uma vez.

Comecei a fazer uns frilas para algumas lojas, escrevendo sob um pseudônimo, é claro. Meu coração não estava ali, mas eu precisava da grana. Estava sendo moída que nem carne de hambúrguer para tentar juntar algum dinheiro. Era tudo muito trivial e eu sabia disso, mas havia um mercado, e eu o espremi o máximo que pude.

Os anos foram passando e eu estava quase chegando num ponto em que poderia começar a respirar quando tive uma ideia que mudaria não apenas a minha vida, como também a de todos os que trabalham no ramo do humor. A ideia? Humor rápido. Afinal de contas, o ritmo das coisas aumentou muito desde os meus dias de Delancey Street. O mundo era um lugar diferente; o consumo do humor havia mudado. Todo mundo estava com pressa. Quem teria tempo para um longo texto humorístico, que vai crescendo aos poucos, produzindo uma risada demorada? Tudo acontecia em alta velocidade. A hora do humor rápido havia chegado.

Mais uma vez, comecei pequena, num lugarzinho ali na Queens Boulevard. Chamei de Conversinha Rápida e lancei mão de todas as técnicas de design moderno à minha disposição. Enchi de vidro e metal cromado, tudo polido e lustroso. Como era conhecida no meio pelo meu estilo jocoso e provocativo, não quis perder a piada e pus um arco dourado como logotipo. Ninguém entendeu. Então eu coloquei mais um arco, e obtive uma resposta tremenda. Você precisa esfregar as coisas na cara das pessoas, não é mesmo? Seja como for, o negócio cresceu como um incêndio florestal. Eu mal conseguia manter meus estoques de Respostinha Esperta, e A Grande Chacota foi o sucesso do século. Comecei a abrir franquias, sem nunca descuidar do controle de qualidade. Os negócios cresceram e, hoje, posso dizer que estou muito bem, obrigada. Eu tenho tudo: uma cobertura de frente para o parque, um iate do tamanho do *Queen Mary* e um Rolls Royce tão grande que daria para morar dentro dele. Mas, mesmo assim, de tempos em tempos eu ainda sinto aquela velha coceirinha criativa. Quando isso acontece, eu visto um avental e um boné, fico atrás de um dos meus milhares de balcões, sorrio de forma simpática para o cliente e digo: "Bom dia. Você está procurando uma bela Sátira Contundente?". Fico feliz quando alguém me reconhece, pois isso sempre ajuda a pessoa a dar uma boa risada. Acredite em mim: nesse negócio, se você não tiver senso de humor, você está morto.

Dieta e programa de exercícios de alto estresse de Fran Lebowitz

Todos os anos, milhões de pessoas tentam perder seus quilinhos a mais com o auxílio de extenuantes programas de exercícios e dieta. Elas beliscam cenourinhas, evitam carboidratos, largam a bebida, correm ao redor de represas, levantam pesos, se balançam em trapézios e se comportam, de maneira geral, de uma forma que sugere uma tendência lamentável a um exibicionismo exagerado. É claro que tudo isso é completamente desnecessário, uma vez que é bastante possível — e fácil, também — perder peso e entrar em forma sem ter um pingo de força de vontade. Tudo que você precisa fazer é levar sua vida de um jeito que os quilos e os centímetros simplesmente desapareçam por conta própria.

Mágica, você diz? Fantasia? Ilusão? Os desejos mais sórdidos? Nada disso, eu lhes garanto, nada disso. Não é magia, não é fantasia, não é nenhum sonho impossível. Porém, existe sim um segredo. O segredo é explorar um elemento que está presente na vida cotidiana de todo mundo, utilizando, em proveito próprio, os recursos quase inesgotáveis de que dispõe.

Que elemento é esse? O estresse. Sim, o estresse; o bom e velho estresse de todos os dias. Esse mesmo que está sempre ao nosso alcance, a qualquer hora do dia ou da noite. Chame como quiser: irritação, trabalho, pressão, arte, amor; de qualquer modo é estresse, e o estresse será sua arma secreta quando você embarcar no meu infalível programa de condicionamento físico e beleza física.

Dieta

O ponto fraco da maioria das dietas é que elas restringem a ingestão de comida. Isso, é claro, é muito irritante e inevitavelmente conduz ao fracasso. A Dieta de Alto Estresse de Fran Lebowitz (sigla DAEFL) permite quantias ilimitadas de todos os tipos de alimento. Você pode comer o que quiser. Pode engolir o que passar pela sua garganta. Abaixo você encontra uma lista parcial de comidas permitidas. Naturalmente, limitações de espaço impossibilitam a confecção de uma lista completa. Se você puder comer algo que não está nesta lista — melhor ainda.

ALIMENTOS PERMITIDOS		
Carne	Doce	Arroz
Peixe	Nozes	Espaguete
Frango	Cereal matinal	Açúcar
Ovos	Cookies	Melado
Queijo	Biscoito	Pizza
Manteiga	Mel	Salgadinho
Creme de leite	Sorvete	Pretzel
Maionese	Ketchup	Torta
Frutas	Geleia	Vinho
Vegetais	Macarrão	Bebidas destiladas
Pão	Leite	Cerveja
Bolo	Panqueca	Cerveja artesanal

Como vocês podem ver, a DAEFL permite que você consuma uma grande variedade de alimentos que nem são citados na maioria das dietas. E, como já afirmei, não precisa se preocupar com a quantidade. A única coisa que peço é que você sempre combine a sua alimentação com a prática de atividades físicas específicas. Este programa está detalhado a seguir.

EQUIPAMENTO

Você pode fazer o Programa de Exercícios de Alto Estresse de Fran Lebowitz (PEAEFL) sem comprar nenhum equipamento especial; você precisará apenas de apetrechos que, com certeza, já possui. Veja abaixo uma lista parcial deles:

Cigarros
Fósforo ou isqueiro
Uma carreira
Um ou mais advogados
Um agente ou um empresário
Pelo menos um — mas de preferência dois — caso amoroso extremamente complicado
Um endereço para correspondência
Amigos
Parentes
Um senhorio

O equipamento necessário, é claro, varia de pessoa para pessoa, mas o PEAEFL é flexível e pode ser adaptado a quase qualquer situação. Isso pode ser facilmente constatado no exemplo abaixo, que descreve um dia de dieta e exercícios. Lembre-se de que é completamente obrigatório que você execute os exercícios enquanto come.

EXEMPLO DE CARDÁPIO E EXERCÍCIOS

Café da manhã

Um copo grande de suco de laranja
6 panquecas com manteiga, melado e/ou geleia
4 fatias de bacon e/ou 4 linguiças
Café com leite e açúcar
11 cigarros

A. Coma a primeira garfada de panquecas.
B. Ligue para o seu agente. Descubra que, para escrever um roteiro, você precisará passar três meses em Los Angeles e trabalhar com um escritor local que tem no seu currículo dezesseis episódios de *A Família Dó-Re-Mi*, uma biografia não autorizada de Ed McMahon e um livro baseado na futura continuação do filme *Duelo de gigantes*. (Excelente para definir o maxilar.)

Lanche da manhã

2 rosquinhas com glacê
Café com leite e açúcar
8 cigarros

A. Tome o primeiro gole de café.
B. Abra sua correspondência e encontre o aviso final de corte de serviço da companhia telefônica, uma carta ameaçadora do cônjuge de sua nova paquera e um recado de um amigo informando que recentemente você foi plagiada em rede nacional. (Tonifica a região do punho.)

Almoço

2 vodcas com tônica
Um frango à Kiev
Pão de centeio com manteiga
Salada de folhas verdes
Vinho branco
Um ou vários doces
Café com leite e açúcar
15 cigarros

A. Marque um almoço com o seu advogado.
B. Dê a primeira garfada no frango à Kiev.
C. Pergunte ao advogado quais são, exatamente, as suas chances num processo contra a CBS. (Deixa rapidamente a barriga chapada.)

Jantar

3 vodcas com tônica
Espaguete ao pesto
Escalopes de vitela
Abobrinha
Salada de rúcula
Cheesecake
Café com leite e açúcar
Conhaque
22 cigarros

A. Marque um jantar com um grupo pequeno que inclua três pessoas com quem você está tendo um caso amoroso clandestino, sua irmã mais nova que não mora na cidade, um rival nos negócios para quem você deve muito dinheiro e dois advogados da CBS. É sempre mais produtivo se exercitar com outras pessoas. (Fortalece a musculatura.)

Como eu disse, esse é apenas um exemplo, e qualquer combinação de alimentos e exercícios funcionará tão bem quanto. Sua perda diária de peso deve ficar entre um e dois quilos em média, dependendo em especial se você está fumando cigarros o suficiente. Esse é um problema comum, e você deve prestar muita atenção, uma vez que uma rotina de fumo inadequada sem dúvida resultará na redução do seu estresse. Para quem simplesmente não consegue bater a meta diária, é imperativo que o tabagismo seja substituído por outros exercícios, como morar num apartamento localizado exatamente embaixo de onde uma banda amadora de salsa ensaia e/ou ter uma conversa terrivelmente sincera com sua mãe. Se esses métodos fracassarem, tente comer enquanto lê a seção de classificados do *New York Times*. É sabido que essa é uma atitude drástica que não deve ser tomada sem antes fazer um aquecimento, lendo pelo menos seis páginas da revista *Arts and Leisure* e tendo uma relação sexual com uma pessoa vital para a sua carreira.

Por vezes me deparo com alguém que pratica a dieta e tem uma dificuldade fora do normal para perder peso. Se você se enquadra nessa categoria, recomendo como uma última medida desesperada que faça todas as suas refeições com um editor de revista que realmente entenda o seu trabalho e um cabeleireiro que quer tentar uma coisa nova e interessante.

A ordem inatural

Nova-iorquinos que passaram a infância em ambientes mais rurais com frequência ficam incomodados por não conseguirem perceber a mudança das estações. Desprovidos dos indicadores convencionais, como lagartas, folhas amarelas e geada sobre abóboras, esses cidadãos desorientados são confrontados a cada trimestre com o problema de determinar exatamente em qual época do ano estamos. Numa tentativa de erradicar esse tipo de confusão, lhes ofereço o seguinte guia:

Outono

O outono é o período que se inicia no final de setembro e se encerra pouco antes de janeiro. Sua característica visual mais evidente é que as pessoas brancas de toda a cidade começam a perder o bronzeado, como as folhas que caem das árvores. Os nova-iorquinos, entretanto, por serem um pouco mais reservados, não consideram de bom-tom juntar folhas com um ancinho e se atirar sobre elas. Leis sobre poluição atmosférica recém-aprovadas também proibiram a sua queima, não importa o quanto você sinta saudades do cheiro aconchegante de uma bela fogueira. Outra característica marcante dessa estação, que está relacionada com a supracitada, é que *há* pessoas brancas por toda a cidade, um fato digno de nota pois sinaliza um retorno em massa dos Hamptons (ver Verão).

Tecidos mais grossos e felpudos começam a ser vistos, e os calçados vão se transformando cada vez mais em botas.

Começam a brotar políticos com promessas frescas de um futuro brilhante, mas não é uma boa ideia colhê-las, especialmente tão no começo da estação, sendo em geral mais seguro continuar apostando nas opções já maduras.

Inverno

O inverno começa quando o outono termina, porém tem uma presença muito mais marcante do que a do seu imprevisível antecessor. Conforme a estação vai avançando, você passa a notar um número cada vez menor de pessoas brancas nas ruas (ver Barbados) e cada vez maior de pessoas negras na televisão (ver atitudes tomadas pelos senhorios sobre a oferta de calefação; ver senhorios de carne e osso em Barbados).

Ensaios fotográficos de moda vão ficando cada vez mais raros, sendo substituídos por imigrantes ilegais vendendo pretzels descomunais e castanhas frias.

Por causa dos perigos do ar gelado, os ônibus tendem a andar em bandos e os táxis, em duplas, se recolhendo às suas garagens em busca de companhia e aquecimento.

Embora o chão congelado esteja rígido e inflexível, é comum que os contratos da prefeitura de fornecimento de serviços vitais sejam renovados (ver Outono, Primavera e Verão) e as coletivas de imprensa do prefeito sejam abundantes.

Por volta de fevereiro, agentes literários começam a ficar verdes enquanto falam ao telefone com seus equivalentes na indústria cinematográfica e, quase de forma simultânea, todos voam para Oeste para negociar. Pouco após seu retorno, começam a perder seus bronzeados, mas esse é apenas um exemplo de exceção que confirma a regra e não deve ser interpretado pelo novato como um sinal da chegada do outono. Ainda é inverno, e você pode confirmar essa informação descobrindo quais frutas fora de época são as mais caras.

Primavera

Embora se diga que essa é a estação que separa o inverno do verão, em Nova York a primavera é como uma criatura mitológica e como tal costuma atrair uma multidão um tanto hermética. Por volta de abril, diretores de arte e estetas realistas começam a abandonar seus casacos, enquanto jovens muito criativos começam a planejar as cores do próximo outono. O preço dos imóveis na região leste de Long Island sobe abruptamente (ver pessoas brancas), ao mesmo tempo que a razão e a boa vontade baixam com a maré.

Bancas de jornal adquirem uma coloração mais delicada à medida que as capas das revistas voltam a exibir seus tons pastéis sazonais, e o amor está no ar, embora, felizmente, não na água.

Por volta de maio, os agentes da indústria cinematográfica de Los Angeles começam a ficar verdes enquanto falam ao telefone com seus equivalentes no mercado editorial e, quase simultaneamente, todos voam para Leste para negociar. Pouco após sua chegada, começam a perder seus bronzeados, porém isso os fará ir embora antes que o mais desatento dos novatos possa imaginar que estamos no outono.

Verão

Embora os mais intransigentes insistam que o verão é tudo que não é inverno, a palavra descreve, tecnicamente, o intervalo entre a primavera e o outono, que se manifesta de forma mais evidente num aumento exuberante nas contas de luz. O ar se torna mais visível e um grande número de adultos, admirados com as generosas safras de gangues de rua e jogadores de dominó nas calçadas, esquece que fica muito mal vestindo calção. O horário de verão brota de novo, sendo muito bem recebido pelos insones, que agora tem menos noite para passar em claro.

Humoristas florescem, a paisagem urbana adquire um tom cinza vívido e o amor está na água, embora, felizmente, não na cidade.

Resoluções de Ano-Novo para os outros em ordem alfabética

Ao ser contatado por um cliente, eu, como operador de um serviço de recados por telefone, farei o máximo esforço possível para evitar suspirar de um jeito que sugira que, para atender a essa solicitação, eu fui obrigado a interromper um procedimento cirúrgico neurológico extremamente complexo, pois esta é, afinal, a minha verdadeira profissão.

Baixa em estatura e não mais tão jovem assim, reprimirei eternamente o mais remoto desejo de usar qualquer coisa vagamente parecida com uma legging de couro.

Cookies com gotas de chocolate são algo cujo valor, possivelmente, anda muito superestimado nos últimos tempos. Não vou piorar ainda mais a situação abrindo um estabelecimento de nome engraçadinho para vender esses itens por preços mais adequados à quitação de um semestre na Faculdade de Direito de Harvard.

Desenhos engraçadinhos feitos com lápis de cor é uma coisa com a qual eu nunca, *jamais*, decorarei minha correspondência pessoal, não importa o quanto isso daria às minhas cartas um toque colorido de capricho.

Embora eu seja estupendamente bilíngue, nunca mais tentarei puxar o saco de um garçom pedindo a carta de vinhos com um sotaque francês deliberadamente insinuante.

Faz-se imperativo que, no meu trabalho como cabeleireiro, eu tenha sempre em mente que: dez centímetros não é o mesmo que "cortar as pontinhas".

Grande coisa que eu tenha um talento para a política internacional: reprimirei quaisquer impulsos de exibir essa habilidade para quem está ao meu lado.

Humilhe-se, se quiser. Pode até implorar. Prometo jamais revelar qualquer informação privilegiada que eu possa ter obtido através de um amigo muito íntimo que estica as telas de pintura para um artista famoso.

Irrefutável o fato de que sou presença constante, para não dizer permanente, até mesmo nos eventos públicos mais obscuros, de modo que me comprometo a parar, de uma vez por todas, de dizer para as pessoas que eu nunca saio de casa.

Já parou para pensar que não é por que você é o dono do restaurante que tudo bem colocar no cardápio um prato cujo nome é um trocadilho com o nome de um jogador de futebol?

Ketchup é uma mancha que não sai de carpete, então não é uma boa ideia instalá-lo na cozinha, não importa o quanto a decoração seja industrial e altamente tecnológica, toda em cinza muito escuro. Agora eu sei disso.

Lindas até são, mas não importa o quanto sejam grandes, numerosas ou bem distribuídas, almofadas não contam como móveis. Comprarei um sofá.

Mas que me caia um raio na cabeça da próxima vez que eu cogitar a possibilidade de que alguém está interessado em ouvir sobre o quanto eu achei os brasileiros um povo caloroso e bonito quando estive no Rio para o Carnaval do ano passado.

Nunca mais usarei chapéu.

Opinar sobre restaurantes caros escrevendo textos exageradamente entusiasmados não é muito proveitoso. Vou arrumar um trabalho de verdade.

Pense muito bem antes de supor que uma conversa educada pode incluir, dentro de seus limites, perguntas ligadas ao paradeiro daquele dançarino lindíssimo que estava com ele da última vez que você o viu.

Quem sabe parar completamente de usar a palavra "brilhante" para se referir aos editores de acessórios das revistas europeias de moda seja uma boa ideia?

Ridículo tratar framboesas como se fossem uma substância controlada — mesmo quando não está na época. Como dono de restaurante, tenho acesso fácil e legal a elas. Serei mais generoso.

Sucesso é uma coisa para a qual eu devo me vestir quando chegar lá, não até isso acontecer. Juro por tudo que há de mais sagrado.

Tudo bem, já entendi: gravatas, até mesmo essas mais fininhas, não são tão importantes assim. Vou tentar não confiar tanto nelas.

Uma coisa boa de ter em mente: não discutirei filmes de ficção científica japoneses de uma perspectiva artística a menos que me peçam especificamente para fazer isso.

Violeta só será uma boa cor para cabelos quando moreno for uma boa cor para uma flor. Não me esquecerei disso.

Winchester realmente pode ser um tipo de sofá, mas da próxima vez que alguém vier me consultar sobre móveis antigos, responderei a todas as perguntas de forma racional e educada, sem nunca dar moral para esses colecionadores idiotas que sabem o valor de tudo e o preço de nada.

X não é uma letra fácil — ou muitíssimo difícil — do alfabeto de encaixar num texto como este. Prometo que não vou nem tentar.

York, Nova. Nova York. Cheia de jovens e, pelo menos aqui, a juventude neles não é nem um pouco desperdiçada. Eles a aproveitam muito bem. Não dá para ignorar isso.

Zelda Fitzgerald, por mais fascinante que ela inquestionavelmente pareça ter sido, me comprometo agora mesmo a parar de imitá-la.

Ter e não fazer

Há não muito tempo, um agente literário que é meu amigo negociou um contrato em nome de um escritor de ficção comercial de grande sucesso. O livro em questão ainda não havia sido escrito. Nada. Nem uma página sequer. Entretanto, com base na reputação do autor e na experiência do agente, o livro em potencial foi vendido pela gratificante soma de 1 milhão de dólares. Na semana seguinte, o agente vendeu o mesmo livro inexistente por exatamente a mesma quantia para, como eles dizem, o cinema.

Pouco tempo depois disso me vi sentada para jantar ao lado do sujeito que havia comprado os direitos de adaptação do livro em questão para o cinema. Eu sorri para ele educadamente. Ele sorriu de volta. Abordei o assunto.

"Fiquei sabendo", eu disse, "que você comprou o próximo livro de Um Autor de Ficção Comercial de Grande Sucesso por 1 milhão de dólares."

"Sim", ele disse. "Por que *você* não escreve um filme para nós?"

Eu expliquei que não havia espaço para aquela tarefa em minha agenda, totalmente ocupada por sessões de dormir até mais tarde, rumores infundados e amizades superficiais. Ficamos em silêncio por um instante. Comemos. Bebemos. Eu tive uma ideia.

"Você acabou de comprar um livro que ainda não foi escrito de Um Autor de Ficção Comercial de Grande Sucesso por 1 milhão de dólares, certo?"

Sua resposta foi afirmativa.

"Bom", eu disse, "vou te dizer uma coisa. Meu próximo livro também ainda não foi escrito. E meu livro não escrito é exatamente igual ao de Um Autor de Ficção Comercial de Grande Sucesso. Eu sei que tenho uma agente e que não deveria estar falando de negócios, mas estou disposta a vender para você o *meu* livro não escrito por exatamente o mesmo preço que você pagou para Um Autor de Ficção Comercial de Grande Sucesso."

Meu companheiro de jantar recusou educadamente e, em seguida, me ofereceu uma soma na casa dos seis dígitos.

"Ligue para a minha agente", eu respondi e virei para a minha direita.

Na manhã seguinte, fui acordada por uma ligação telefônica da agente já citada, me informando que ela havia acabado de receber e rejeitar uma oferta na casa dos seis dígitos para comprar os direitos para o cinema do meu livro não escrito.

"Acho que conseguimos mais", ela disse. "Eu falo com você mais tarde."

Fiquei ruminando aquilo e liguei de volta para ela. "Olha", eu disse, "ano passado eu ganhei 4 mil dólares pelas coisas que eu escrevi. Este ano já me ofereceram duas vezes valores na casa dos seis dígitos por coisas que eu não escrevi. Está claro que estou fazendo tudo errado nesse negócio. No fim das contas, não escrever não é apenas divertido, como pelo jeito também é muitíssimo lucrativo. Ligue para o sujeito do cinema e diga a ele que eu tenho diversos livros não escritos — talvez uns vinte." Acendi outro cigarro, tossi profundamente e aceitei a realidade. "Está bem, no mínimo uns dez. Dá para ganhar uma grana."

Conversamos mais um pouco e então desliguei com relutância, sabendo bastante bem o quanto falar ao telefone era importante para a minha nova e lucrativa carreira de não escritora. Mesmo assim fiz grandes progressos e estou feliz de informar que, graças a uma profunda dedicação e a muita força de vontade, passei o dia inteiro sem escrever uma única palavra.

Naquela noite fui à exposição de um artista muito conhecido. Perguntei os preços das pinturas dispostas harmoniosamente na galeria, demonstrei com firmeza um espanto apenas moderado e passei o resto da noite sendo consumida por um sentimento incômodo de ganância.

No dia seguinte, logo após acordar, liguei para a minha agente e anunciei que queria diversificar meu trabalho — ficar mais visual. Não escrever era ótimo para acumular algum capital, mas o dinheiro de verdade estava, na minha percepção, em não pintar. Eu não me permitiria ficar confinada a apenas um formato. A partir de agora, eu passaria a trabalhar em dois meios.

Passei os dias seguintes contemplando, satisfeita, minha riqueza iminente. Embora fosse verdade que nenhum cheque estava caindo na minha conta, eu não nasci ontem e sabia que essas coisas levam tempo. Inspirada pela minha descoberta, comecei a olhar para as coisas de forma totalmente diferente. Um fim de semana, enquanto dirigia pelo interior, me ocorreu que, entre todas as coisas que eu cultivo, terra não era uma delas.

A primeira coisa que fiz na manhã de segunda-feira foi ligar para a minha agente. "Escuta", eu disse, "eu sei que isso está um pouco fora do seu escopo, mas eu gostaria que você entrasse em contato com o Departamento de Agricultura e os notificasse de que não estou, no presente momento, e já há algum tempo, plantando nenhum trigo. Eu sei que a área cultivável no meu apartamento é pequena, mas vamos ver o que dá para fazer. E já que você vai fazer isso, por que não entra em contato com a Previdência Social? Eu também não tenho trabalho. Isso deve render alguns trocados."

Ela disse que veria o que poderia fazer e desligou, me deixando à minha própria sorte.

Eu não pintei — facílimo. Não plantei trigo — moleza. Continuei desempregada — não foi nada. E quanto a não escrever, bom, no tocante a não escrever eu sou uma verdadeira craque, uma especialista, uma veterana do meio. Exceto, preciso admitir, quando eu tenho um prazo. Sobre um prazo eu realmente não tenho controle. Outras pessoas devem ser consideradas, obrigações devem ser cumpridas. Quando surge um prazo eu, invariavelmente, esmoreço e, como você pode ver, desta vez não foi diferente. Este texto foi encomendado. Consegui entregar no prazo. Mas, como os mais atentos podem ter notado, apliquei a ele certo grau de restrição. Este texto ficou curto — muito curto. Me perdoem, mas eu precisava do dinheiro. Se você vai fazer uma coisa, é melhor fazer pela metade. Negócios são negócios.

The Fran Lebowitz Reader © Fran Lebowitz, 1974,
1975, 1976, 1977, 1978, 1979, 1980, 1981, 1994

A maior parte destes textos foi publicada originalmente na *Interview*, de
Andy Warhol, e na *Mademoiselle*. "Meu dia: Uma introdução (mais ou
menos)" foi publicado de maneira ligeiramente diversa na *Vogue* britânica.

Todos os direitos desta edição reservados à Todavia.

Venda proibida em Portugal.

Grafia atualizada segundo o Acordo Ortográfico da Língua
Portuguesa de 1990, que entrou em vigor no Brasil em 2009.

capa e ilustração de capa
Veridiana Scarpelli
tratamento de imagens
Carlos Mesquita
preparação
Julia Passos
revisão
Fernanda Alvares
Jane Pessoa

Dados Internacionais de Catalogação na Publicação (CIP)

Lebowitz, Fran (1950-)
O almanaque de Fran Lebowitz / Fran Lebowitz ;
tradução André Czarnobai. — 1. ed. — São Paulo :
Todavia, 2022.

Título original: The Fran Lebowitz Reader
ISBN 978-65-5692-299-7

1. Literatura americana. 2. Ensaio. 3. Não ficção.
I. Czarnobai, André. II. Título.

CDD 814

Índice para catálogo sistemático:
1. Literatura americana : Ensaio 814

Bruna Heller — Bibliotecária — CRB 10/2348

todavia
Rua Luís Anhaia, 44
05433.020 São Paulo SP
T. 55 11. 3094 0500
www.todavialivros.com.br

fonte
Register*
papel
Pólen soft 80 g/m²
impressão
Geográfica